JN227107

最新 デイトレ対応版

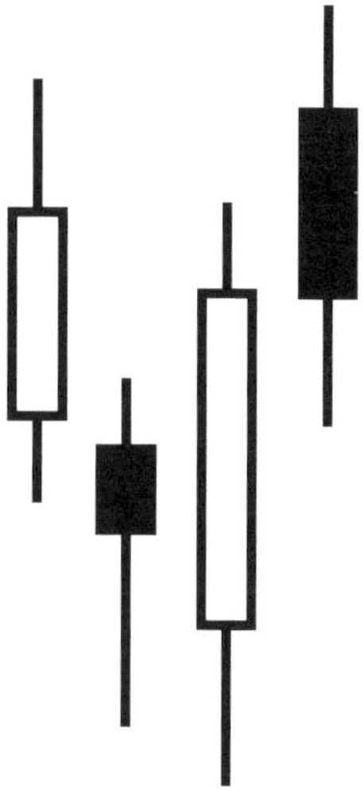

株価チャート読み方の基本

小山 哲 著

Subarusya

※本書に記載された内容は、情報の提供のみを目的としています。投資や運用における判断は、読者各位の責任においてお願いいたします。本書の情報を用いた運用の結果については、著者ならびにすばる舎は免責とさせていただきます

はじめに

株式投資をするうえで、株価の先行きを判断するためには、テクニカル分析（チャート分析）を欠かすことはできません。そして「チャートの読み方」をうまく身につけることができれば、投資における成果は間違いなく上がるでしょう。これはデイトレやスイングなどの短期・中期投資はもちろん、長期投資にいたるまで、すべての株式投資の勝利につながるのです。

本書では、チャートを活用して売買のタイミングを的確にとらえることができるように解説しています。

そもそもチャートは、過去の株価の動きから未来の株価を推測するために使われています。すなわち、過去のトレンドを将来の株価の予測の手段とするのです。

チャート分析では、「ローソク足」と「移動平均線」を使って「買い」のタイミングと、「売り」のタイミングの基本的なパターンを知ることになります。こうした基本的なパターンを身につけていれば、冷静に相場環境を把握し、利益を確定するチャンスが増えるのです。

基本的なパターンをきちんと理解していれば、「天井つかみ」や「売り損ない」を減らすことができるのはもちろん、「底値で買う」などの恐怖からも脱却可能です。そしてチャートを駆使して、冷静な投資スタンスを貫くことで、投資成績は格段に上がるでしょう。

相場環境や経済状態は、大底から上昇・好転に向かっているときであり、このチャンスを見逃してしまうのは、もったいないことです。

今まで休んでいた人も、また初めて株に挑戦する人も、チャンス到来の好機なので、チャート分析のポイントを身につけて貪欲に利益をねらいましょう。

あなたが株式投資で成功を収めることを切に願っています。

2014年初秋　著者

目次

第3章　チャートの「買い」パターンはこれだ！

第4章　このパターンは要注意！「売り」のシグナル

第5章 株で必勝するための「投資練習帳」

装　丁　　　：若林 繁裕
本文デザイン：株式会社　桂プロ

第1章

Chapter 1

チャートの基本「ローソク足」から株価を読む

テクニカル分析の基本は、「ローソク足」――。この基本を覚えることで、株価の未来予測ができるようになるのです

01 「ローソク足」の成り立ちについて学ぼう

「ローソク足」には、先人の知恵がつまっている！

「ローソク足（罫線《じくせん》）」は、株価の動きを示すものとして株式投資をする人々に幅広く利用されています。

ローソク足の原型といわれる「止め足」の歴史は古く、豊臣秀吉が日本全国をおさめた安土・桃山時代までさかのぼるとされています。そして江戸時代に入り、米相場の動きを表すために「罫線」が考え出されたのです。

その後、毎日の相場の終値だけを記録する止め足が考案されました。ただ、これだけでは相場がどのように動いたのかがわからないため、日々の値幅を記録できるように「棒足」が使われるようになりました。

さらに「いかり足」で相場の上昇と下落が把握できるようになり、現在のローソク足へと改良されたのです。ローソク足は相場の上昇を示す「陽線《ようせん》」と、下落を意味する「陰線《いんせん》」で表されることから、「陰陽線《いんようせん》」ともいわれています。

ひと口にローソク足といっても、さまざまな形があり、それぞれに株価の勢いや取引をしている投資家の思惑が反映されているものなのです。買い人気（売り人気）が強く始まったのか、また途中で投資家の心理がどう変わったのか…など、ローソク足の形状によって、相場の方向性が見えてきます。

投資の格言

幽霊と相場師は淋《さび》しいほうに出る

幽霊は「墓場」に、相場師は「閑散とした相場」に出るという意味。つまり人気銘柄に乗らないで、不人気銘柄を仕込むのがよいという意味

「ローソク足」はこうしてできた！

止め足

株価（一般的に終値）を線でつないだもの。相場の方向性を判断するときなどに使われる

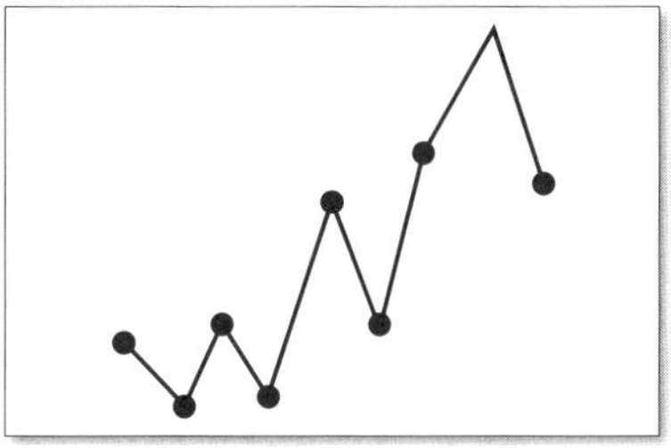

棒足

株価の変動の幅を棒で示したもの。その期間の高値と安値だけを表している

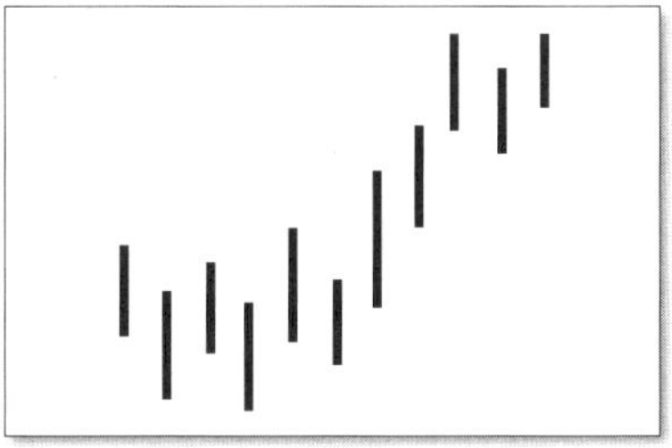

いかり足

船のいかりに似ていることから名づけられた。株価の変動の幅・方向をより詳しく表したもの

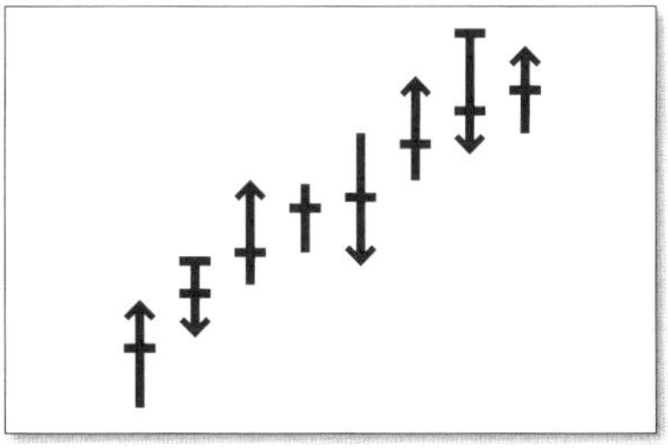

ローソク足

株価の上昇・下落などの値動きがわかるもの。現在も使われ、「陰陽線」ともいう

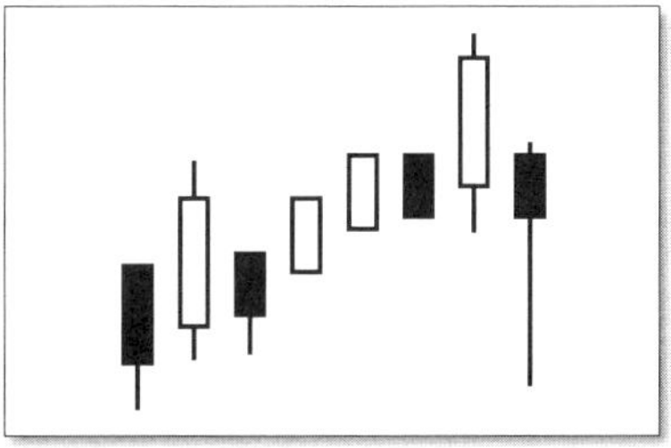

02

「陽線」と「陰線」の違いを理解しよう

ローソク足に秘められた情報を取り出そう

1本のローソク足が、どのような経緯で作られたのかがわかれば、今後の株価を予測することができるようになります。そのためにも、ローソク足の表し方を知る必要があるでしょう。

その期間の相場（1日や1週間）の「始値」よりも「終値」が高ければ、実体は白い「陽線」です。一方、「始値」よりも「終値」が安ければ、実体は黒い「陰線」になります。陽線はその期間の相場の「上昇」、陰線は「下落」を表しているのです。

さらに陽線・陰線のいずれかの実体から伸びている線のことを「ヒゲ」といい、上に伸びているヒゲを「上ヒゲ」、下に伸びているヒゲを「下ヒゲ」と呼んでいます。

それぞれのローソク足ができるまでには、各々2通りの株価の動きがあります。たとえば、陽線は、①「始値」→「高値」→「安値」→「終値」と、②「始値」→「安値」→「高値」→「終値」という動きです。①のパターンは最初に高値をつけてから売りに押されて安値をつけるものの、再び買い優勢で取引が終了しています。②のパターンは開始直後、いきなり売りに押されるものの、そこから一気に高値を取りにいき、引けにかけて若干、押し戻されるという展開です。

このように、たった1本のローソク足で、株価の動きを読み解くことができるのです。

投資の格言

山高ければ谷深し

株価が大きく上昇したら、その分だけ大きく下げるということ。いかに人気銘柄でも飛び乗ると、そのあとは強烈な下げにやられるので注意しなくてはならない

ローソク足の仕組みについて学ぼう！

上昇を表す「陽線」

株価の動き

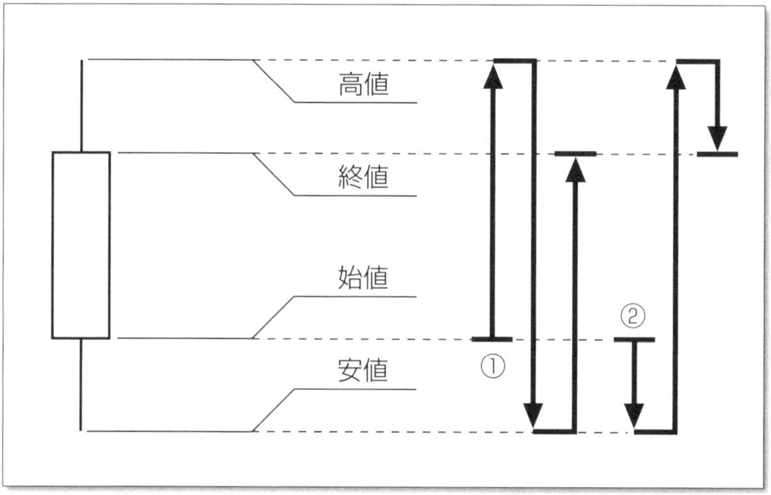

下落を表す「陰線」

株価の動き

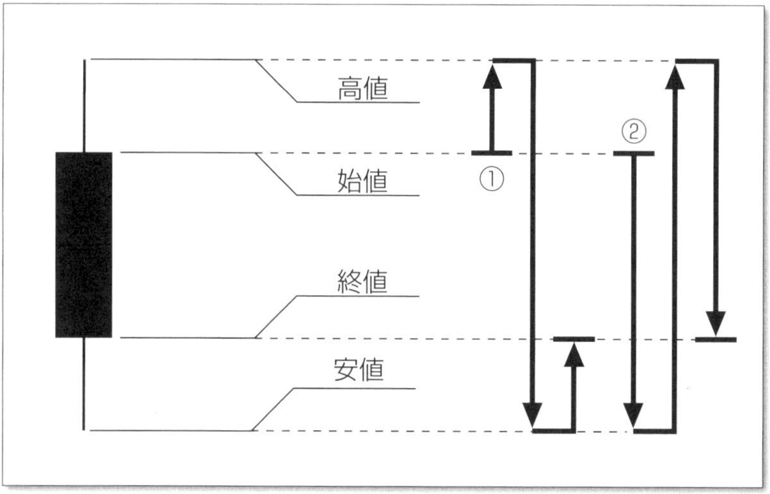

上昇を表す「陽線」は、一般的に白や明るい色（赤などの暖色）。一方、下落の「陰線」は、黒や青などの暗い色を使って塗りつぶされることが多い

03 「日足」を使って銘柄独自の値動きを把握しよう

株価は、銘柄ごとに独特の動きをする

１日の株価の動きを表す「日足《ひあし》」は、日々の株価の動きを分析するために欠かすことができません。

前項でも説明したとおり、陽線（もしくは陰線）がどのように作られたかを把握すれば、この先の値動きを予測することができるようになります。

たとえば、陽線をつけたからといって「株価は強い」と単純に決めつけるわけにはいきません。前項の①のパターンなのか、②のパターンなのかを把握しないでぬか喜びしても、予測を誤るだけでしょう。これは陰線のときも同様です。

さらに同じ陽線でも、出来高を伴って（資金が流入して）いれば「相場は強い」と考えられますし、逆に薄商《うすあきな》いの中で上昇しても資金は流入していませんから、「相場は短命に終わる」と予測できるのです。

しかし、もともと浮動株が少ない銘柄だったり、信用取引ができない銘柄の場合は、一方通行の相場になりますから、ほんの少しの買いがあれば、大きく値を飛ばします。こうなると、日足でさえ非常に長い陽線をつけることになるのです。

このように、１本の日足から銘柄ごとの特徴を把握することで、的確な相場予想ができるようになります。

投資の格言

物に本末あり、事に終始あり

物事には、本（根本）と末（重要ではない部分）がある。大局を見失わないで、投資の基本に徹するべきである

「日足」は短期の動きを見るのに適している

日足（陽線）とその意味

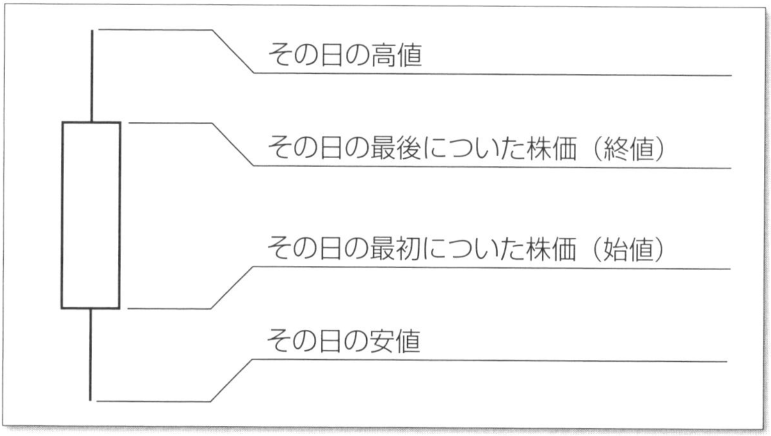

TO THE VICTORY 勝利の方程式

「陽線」をつけたからといって単純に喜んでばかりいられません。また「陰線」だからと悲観すべきものでもありません。その日の株価の動きを見て、「日足」がどのように形成されたかを分析すれば、目先の株価の騰勢《とうせい》が確認できるでしょう

04 「日足」を利用して値幅取りをねらおう

デイトレードは、「日足」が最重要のローソク足

デイトレで株価のトレンドを把握するのに、最も適しているのが「日足」です。変化の激しい時代ですから。

市場全体が下降トレンドにあるときは、市場はあまり信用できませんから、中期保有のスタンスで投資することはなかなかむずかしいでしょう。とくに昨今、個人投資家がネット証券を利用するようになって投資の自由度が広がったために、「資金の逃げ足」は早くなる傾向にあります。

一方、完全な上昇トレンドを描くような相場展開では、あちこちで派手に上昇する銘柄が目立ちます。ただ、そうした銘柄に追随しても投資成績は思うように上がらないでしょう。それよりは多少の下落には目をつぶり、日足チャートを丹念に分析して、値幅取りをねらうほうが、思いのほか、利益が取れるはずです。

日足を分析して上昇のトレンドを見つけたら、千載一遇のチャンスです。ここは目先の動きにとらわれず、じっくりと「押し目（相場が一時急に下がること）」を拾ってください。

またローソク足は１つの種類だけを見るのではなく、週足・日足・５分足（日中足《にっちゅうあし》）など、さまざまな期間を活用します。

投資の格言　もうはまだなり、まだはもうなり

もうそろそろ買ってもいいかなと思って買うと、さらに値下がりしたり、まだまだ上がりそうだから利食いはやめておこうと思っていると、そこが天井だったりすることが多い。株に絶対はない！

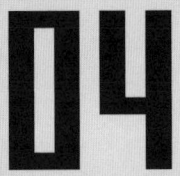

「日足」は株価チャートの基本だ

日足（陰線）とその意味

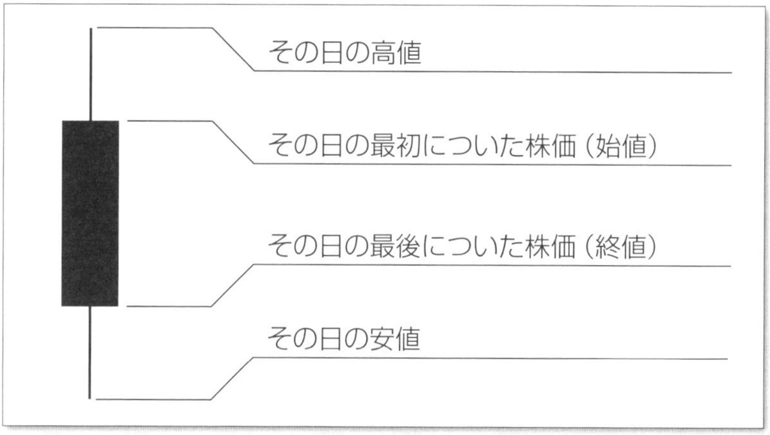

TO THE VICTORY
勝利の方程式

めまぐるしい相場の現在では、「日足」が株価のトレンドを把握するのに、最も適したチャートです。
下降トレンドで目先をねらうより、上昇トレンドの値幅取りをねらうほうが効率的でしょう

05 「日足」と「５分足」で動向を把握しよう

ローソク足は、臨機応変に期間を選ぼう！

ローソク足の中でも、日足は１日に１本、５分足にいたっては１日に60本も立ちます。ただし、出来高の少ない銘柄は必ずしも、そのとおりにはなりません。値のつかない時間帯があるので、５分足は60本よりも少なくなることがあります。

週に１本の週足や月に１本の月足は、相場の流れの大局をつかむのには便利ですが、デイトレが盛んな昨今では、日足や５分足のチャートのウェイトが大きくなることでしょう。

デイトレで日足や５分足を使うことは、相場の流れをつかむというよりも、１日後や１時間後の株価の予測をすることです。その場合、ローソク足を使って、株価を迅速に予想することが重要になってきます。

右の図は、「ミクシィ」の日足と５分足です。日足のチャートの直近の株価は右肩上がりですが、５分足では時々変化していることがわかります。デイトレでは、１日の動きで利益を得ることになるのですから、その日の「どこで買って」「どこで売るか」が重要なポイントになります。

どの期間のチャートを選ぶのかは、投資スタンスによって変わりますが、ローソク足の基本は、どのチャートでも同じです。

ぜひとも、基本を身につけて、どんな相場でも勝てるようになってください。

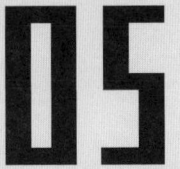

投資の格言

上がる理も、時いたらねば上がるまじ、理を非に曲げて、相場に従え

理論的には上がるのが当然の相場であっても、その時期が来なければ上がらないもので、じっくり待つことも肝要だ

デイトレードで大切なのは「日足」と「5分足」だ

ミクシィ（2121）

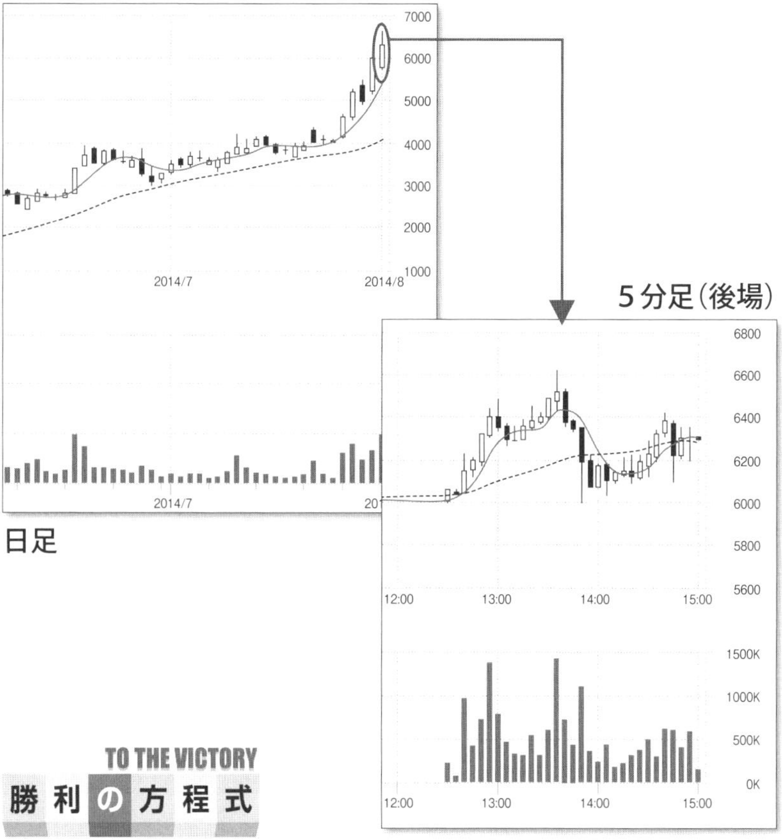

TO THE VICTORY
勝利の方程式

「日足」と「5分足」は、目先の株価の動向をとらえながら、機敏に売買のタイミングを見極めるために大切です。
「月足」と「週足」は、長期間の値動きを把握するのに有効ですが、株価の振幅が著しいと参考にならないこともあります

06 「市場動向」に合わせてローソク足を使い分けよう

投資で勝ちたいならば、めんどくさがらないこと

株式投資では、市場全体が上昇基調なのか、下落基調なのかをつねに見極めながら投資スタンスを決める必要があります。

またその時々によって、市場の主役――外国人投資家なのか、デイトレーダーなのか、国内の機関投資家なのか――は変わるので、誰が買いの主体かも確認しなければなりません。

2008年のリーマンショック以来、日本の株式市場のトレンドは下降（最近は反転していますが）を続けていたため、市場の見方は悲観的になりがちです。そのため、多少の利益でも確定しなければ、逆にリスクを背負い込むことになりますから、「資金の逃げ足」はおのずと早くなります。つまりこのようなときには「週足」で相場の流れを確認しつつも、「日足」で細かい株価の振幅にも注目しなければなりません。デイトレでは、さらに短期間での判断が求められます。

他方、大きな流れとして市場全体が上昇トレンドに転じたときは、値幅取りのチャンスですから、日足や週足を参考の中心にすえて、押し目をじっくり待つことになります。

高い投資成績を目指すなら、市場動向に合ったチャートの使い分けが求められるのです。

投資の格言

アタマとシッポはくれてやれ

底で買って、天井で売ろうと思っても、それは不可能だ。ほどほどの値段で買い、ほどほどの値段で売るのがよい

こうしてローソク足は使い分ける

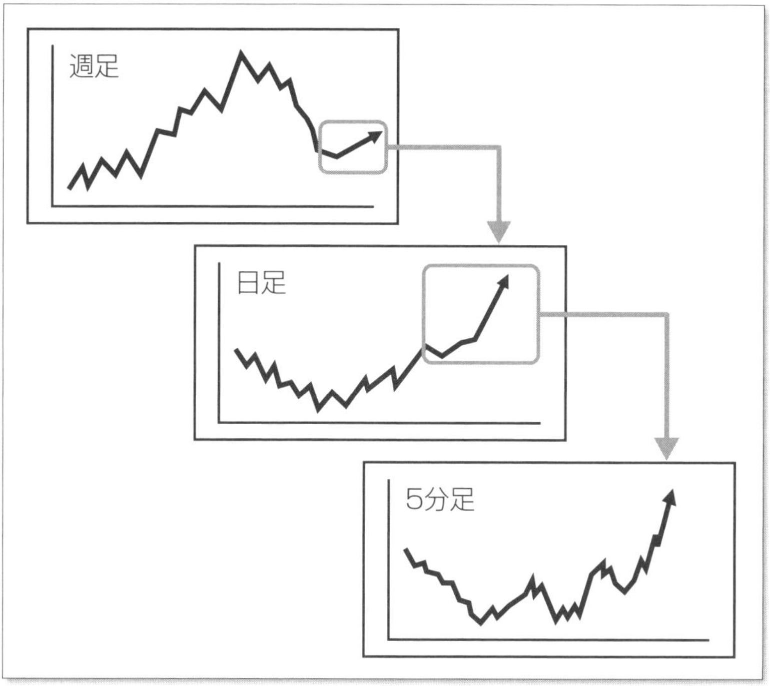

株価が動き始めて利益が出てきたり、また損が発生した場合などは、どうしても熱くなりがち。そんなときは期間の違うローソク足を分析して、相場の方向性を見定めるといいでしょう

TO THE VICTORY
勝利の方程式

相場の特徴に合わせて、3つのチャート（5分足・日足・週足）を組み合わせて使いこなせるようになれば、常勝も夢ではありません

07 ローソク足に隠された「意味」を知ろう

ローソク足は、形によって「意味」がある

ひと口に陽線・陰線といっても、さまざまなタイプがあります。そして、それぞれのタイプには、株価の先行きを物語る重要な意味が隠されているのです。

たとえば、ローソク足の上下にヒゲのない長い陽線は「陽の丸坊主」といいますが、これは株価が上昇する勢いが相当強いと考えられます。さらにそれに出来高が伴っていれば、一時的に下押しする場面があっても、短期間で上昇相場が終わることは少ないのです。

対して、短い陽線にヒゲが上下に伸びているローソク足は「コマ」と呼ばれていて、上昇過程であっても、株価の先行きに迷いが生じていることを示しています。コマが現れると相場の転換点に差しかかっていると考えられ、一層の注意が必要です。

ローソク足は、上や下、または上下両方にヒゲを伸ばしているものが圧倒的に多く、それが長い上ヒゲだと、大量の売り注文が上値に待ちかまえている——その株価で皆が売りたいと考えている——ために、当面の天井をつける公算が高いのです。「下ヒゲ」は、その逆です。

ここでは陽線を中心に解説していますが、陰線は「陽線の逆の現象」と考えればわかりやすいでしょう。

投資の格言

生き馬の目を抜く

兜町《かぶとちょう》や北浜は、生き馬の目を抜く街といわれている。相場の世界には、他人を出し抜いて儲けようと考えている人が多い。「甘い考えで相場に臨むな」という意味

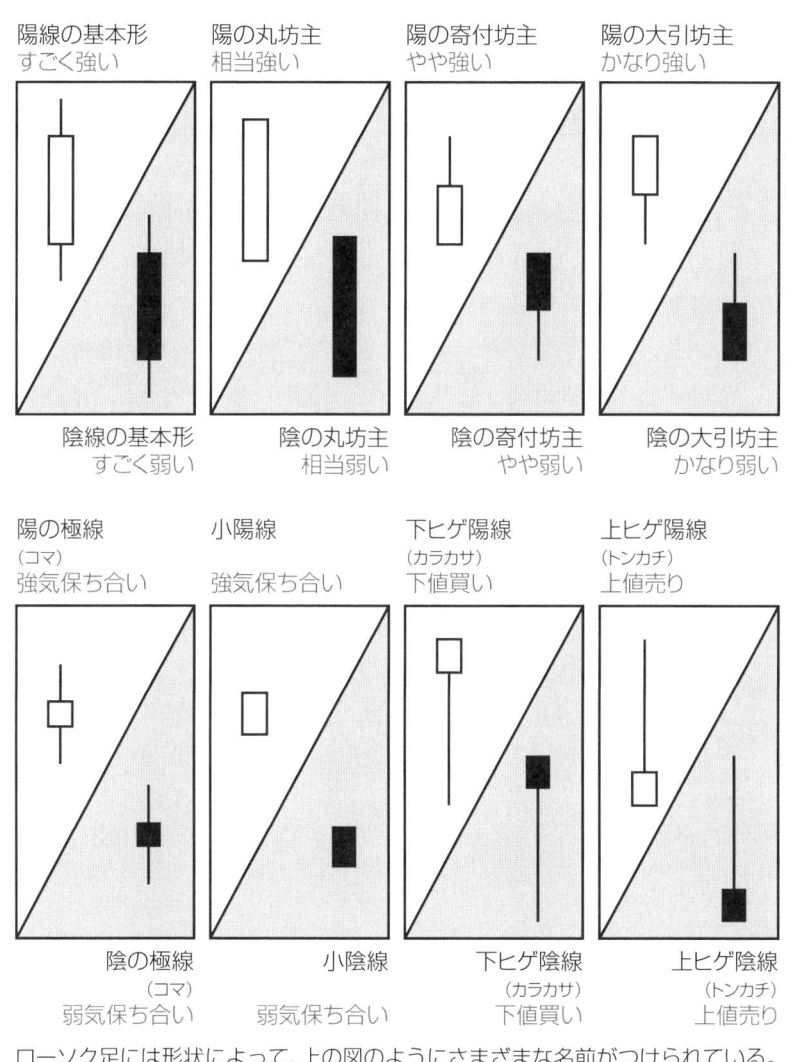

「陽線」と「陰線」のタイプとその意味

陽線の基本形
すごく強い

陽の丸坊主
相当強い

陽の寄付坊主
やや強い

陽の大引坊主
かなり強い

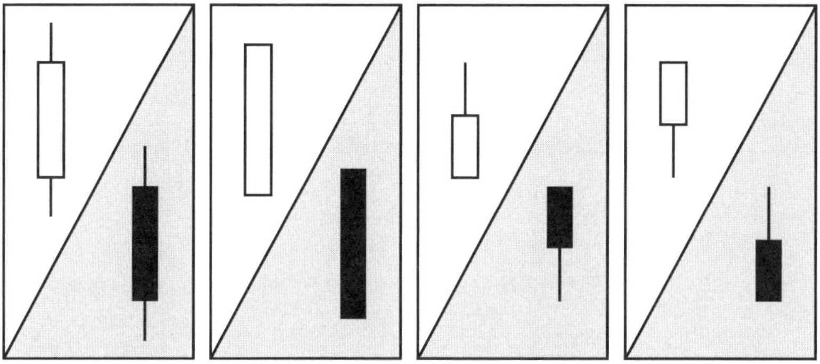

陰線の基本形
すごく弱い

陰の丸坊主
相当弱い

陰の寄付坊主
やや弱い

陰の大引坊主
かなり弱い

陽の極線
(コマ)
強気保ち合い

小陽線
強気保ち合い

下ヒゲ陽線
(カラカサ)
下値買い

上ヒゲ陽線
(トンカチ)
上値売り

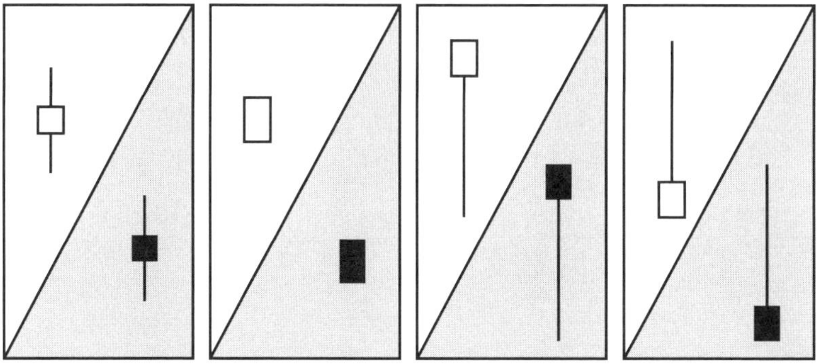

陰の極線
(コマ)
弱気保ち合い

小陰線
弱気保ち合い

下ヒゲ陰線
(カラカサ)
下値買い

上ヒゲ陰線
(トンカチ)
上値売り

ローソク足には形状によって、上の図のようにさまざまな名前がつけられている。名前のついたローソク足のタイプには、この先の相場を占う重要な意味があることも多いので、しっかりと覚えておくべし

08 転換を暗示している「寄引同事線」に注意しよう

相場の転換のサインを見逃すな！

「寄引同事線《よりひけどうじせん》」とは、その名のとおり、寄り付き（＝始値）と引け値（＝終値）が同じ株価だったときに現れるローソク足のことです。

陽線や陰線と同様、寄引同事線にもいくつかのタイプがあり、どのタイプも株価がこの先、上か下のどちらかに転換することを暗示していると考えられます。

たとえば、ヒゲが上下に長く伸びて、十字架のような形をしている寄引同事線を「足長同事線《あしながどうじせん》」といいますが、これは強気筋と弱気筋の力が拮抗《きっこう》しているときに現れます。

また下に長いヒゲだけが伸びているのが「トンボ」、上だけに長いヒゲが伸びているのが「トウバ（塔婆）」です。いずれも、上下どちらかに株価が転換することを暗示しています。

こうしたローソク足が現れたら、株価の基調が変化する前触れだと認識しておくべきでしょう。

一方、「始値と終値が同じ株価でそれ以外に動きがない」「1分足や5分足、さらに日足や週足でも1つの株価しかない」ときに現れるのが、「一本線（四値同事）」です。これは出来高が少ないときなどによく出現します。

投資の格言

一運、二金、三度胸

「運」と「お金」と「度胸」の3つが揃って成功するという意味。意外と大切なのは、「恐怖」との戦いだ

さまざまなタイプの「寄引同事線」

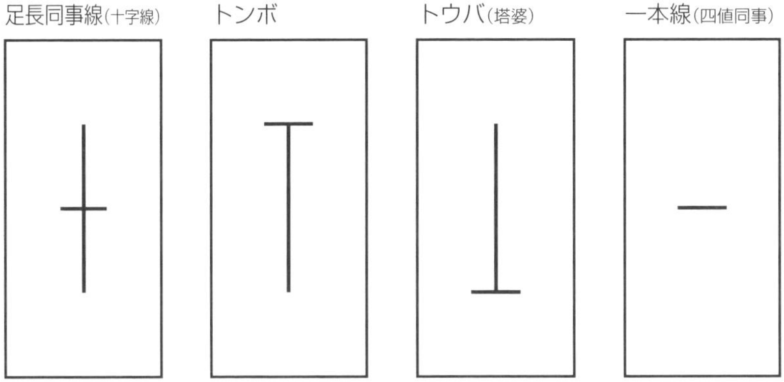

ローソク足としては、小さくて見落としがちな「寄引同事線」。しかし、今後の株価の転換を暗示する大切なサイン。「一本線」などは、ほとんど見えない場合もあるが、目をこらしてサインを見落とさないようにしなくてはならない！

TO THE VICTORY 勝利の方程式

始値と終値が同じローソク足を「寄引同事線」と呼びます。これは相場の転換点を暗示しているといわれています。
寄引同事線の基本形ともいえる「十字線」は、強弱感が対立している、つまり弱気筋と強気筋の力が拮抗している状態を示しています

09 「寄引同事線」が出現したあとの相場を確認しよう

転換のサインが出たら、その後の相場を見守ろう

「寄引同事線」は、「相場の転換点を暗示している」と説明しました。それでは、寄引同事線がどのようなときに現れているのか、実際のチャートを見て確認しましょう。

右ページの参考チャートでは、寄引同事線の基本形ともいえる「足長同事線（十字線）」がいたるところで出現しています。また出現後数日して、上昇、もしくは下落を始めています。

安値圏や高値圏で足長同事線が見られたら、定石どおり、目先の相場の転換点に差しかかっていることに気を配るべきでしょう。

また参考チャートでは、上昇局面で十字線が現れてから「トウバ」が出現し、それを機に下落しています。

このように、陽線・陰線・寄引同事線といった１本のローソク足からでも、その後の相場展開を予測することができるのです。ただし、株価の動きは、銘柄ごとのトレンド、そのときの経済状況や注目されているテーマなどにも大きく影響されますから、つねに同じような動きになるとは限らないと肝に銘じておいてください。

投資の格言

売り買いを一度にするは無分別、二度に買うべし、二度に売るべし

これは絶好のチャンスと思って、一度に買ったり売ったりするのはよくないという意味。何回かに分けて売買するほうが失敗は少ない

「寄引同事線」と株価の動きを把握する

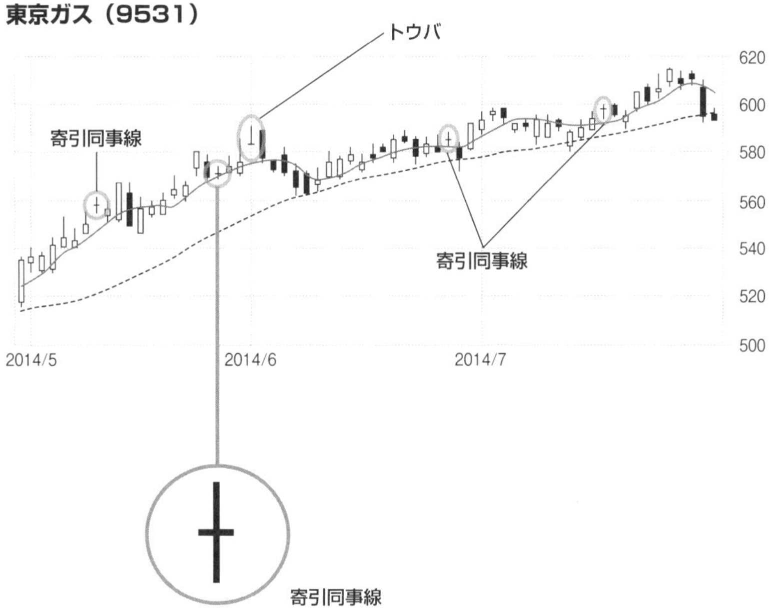

TO THE VICTORY 勝利の方程式

「寄引同事線」が出たら、同業の他の銘柄と比較したり、市場全体の過熱感などを確認し、次の展開を推測しなおそう

10 「陽線」はどのようなときに出るのだろう

「陽線」は、必ずしも今後の上昇を示さない

　ローソク足のタイプとその意味がわかったところで、実際に陽線がどのようなときに出るのかを、日足チャートを見ながら確認してみましょう。

　まず、株価が本格的な上昇トレンドに入ると、天井圏に駆け上がるまで陽線が連続して現れることがあります。V字を描くように上昇し始めると、参考チャートのように何本も連続して陽線をつけることすらあるのです。

　短期間で急激に上がるときは、このような連騰が多い反面、相場の息は短いのが一般的です。

　一方、陰線を交えながら上昇するときは、角度はなだらかですが、相場の息は長いと考えていいでしょう。

　それでは、どのようなタイプの陽線が天井圏では出るのでしょうか。「大陽線」が現れたあとに「上ヒゲの長いローソク」が出ると、「目先の天井圏」と考えられ、大陽線が何本も続けば、上昇の終局は近いと考えられます。逆に「小陽線」が断続的に出ているときは、先高期待が膨らみ、上昇相場は１カ月以上続くことさえあるのです。

　このように、現れる陽線のタイプを分析することで、相場が短期で終わるのか、ある程度の期間継続して上昇するのかを判断することができるでしょう。

投資の格言

いのち金《がね》には手をつけるな

株式投資は余剰資金で行うべきである。借金や将来的に必要な資金を使ってまで投資をすると、余裕がなくなるのでうまくはいかない

「陽線」の位置と値動きの関係を把握しよう！

三菱UFJフィナンシャル・グループ（8306）

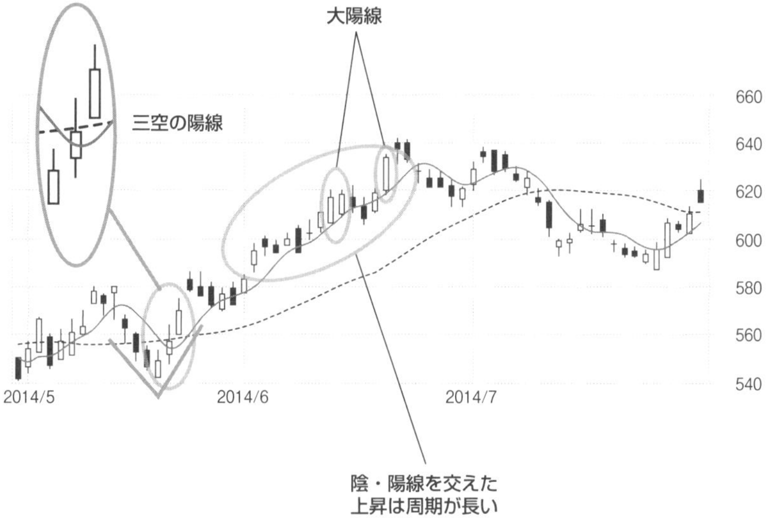

TO THE VICTORY
勝利の方程式

天井圏の保ち合いにいたる陽線のタイプを覚えましょう。そこから相場が持続する期間の見当をつけてください

11 「陰線」のタイプで天井圏と底値圏を見極めよう

「陰線」のタイプを覚えれば、利益確定もたやすくなる

株価が下落基調になると、数多くの陰線が断続的に現れるようになります。しかし、陰線が目立ってから売ろうとしても、時すでに遅しということにもなりかねません。

それでは、なにを見れば天井圏がわかるのでしょうか。

基本的な考え方として、相場が上昇基調から下落基調に転じてしまうと、短期間で反転上昇することは望めません。つまり「あや戻し（下落傾向にある相場が、明確な理由なく、一時的に少し上がること）」があっても、過度の期待は禁物です。

右ページの「ソフトバンク」の参考チャートでは、7900円近辺を上値とし、その後は下降トレンドを描いています。

23ページで説明した、弱気を表す陰線のタイプが随所に出ているのがわかるはずです。

たとえば、「上値では売り」の「上昇後の大陰線」が、このチャートの高い部分で現れていますから、即座に手仕舞えば、大きな下げに見舞われることもありません。一度、天井をつけた株価は下降トレンドに入りやすいので、トレードはカラ売り優勢となっています。

チャートには、そのときの相場の強弱が表れますから、陰線のタイプと、その意味もきちんと覚えて、冷静に対処してください。チャートの解読こそが、勝利への第一歩なのです。

投資の格言

ウォール街がくしゃみをすれば、ロンドンは風邪《かぜ》をひく

世界の市場は、アメリカ市場と連携している。これは日本も同様で、ニューヨーク相場の影響は極めて大きい。これを無視した投資は危険

「陰線」の位置と値動きの関係を把握しよう！

ソフトバンク（9984）

TO THE VICTORY
勝利の方程式

陽線と同様に天井圏を示す陰線のタイプもしっかりと覚えておきましょう

投資に役立つコラム
COLUMN

日経平均のローソク足も要チェック！

個別銘柄ばかりに目がいきがちなチャート分析ですが、大局をとらえるためには、日経平均株価や東証株価指数（TOPIX）のローソク足を確認することも怠ってはいけません。

下の参考チャートは、日経平均株価の月足です（1999年8月～2008年12月）。アメリカのサブプライムローンの破《は》綻《たん》、さらには、リーマンショックといわれた世界的な金融恐慌で、2007年～2008年は株価の大暴落が起きました。1万8000円台の株価が、7000円台にまで下落したのですから。

幸いなことに、現在は立ち直りを見せています。そこが大底だったのかどうかは、１年先か２年先のチャートを見ないとわかりません。

いずれにせよ、指数のチャートが個別銘柄の動きの集合体である以上、こちらも忘れずに確認しておくべきです。

第2章

Chapter2

株価の動くパターンを覚えよう

株価の将来を予測するためには、「ローソク足」だけでは不十分です。「移動平均線」など、他のテクニカルも合わせて分析しましょう

01 「移動平均線」の考え方を理解しよう

相場の流れを見るうえで、必須の1つ

「移動平均線」とは、アメリカの著名なチャート分析家のジョセフ・E・グランビル氏が考案したものです。チャート分析の手法として、日本でも幅広く利用されています。

「移動平均」とは、ある一定期間——たとえば、5日・25日・13週・26週など——の株価（一般的には「終値」）を平均したものです。そして求めた値を連続してグラフ化したものが移動平均線というわけです。

移動平均線を分析するときには、長めの期間の線（長期移動平均線）と、短めの期間の線（短期移動平均線）の２本を使うのが一般的です。たとえば、日足チャートを基準にするなら５日と25日、週足チャートを基準にするなら13週と26週の移動平均線を組み合わせるのです。

短期移動平均線は、株価の動きに近い線になる一方、長期移動平均線は、期間が長い分、株価の動きに比べて、かなり遅れたところに線が引かれることになります。

具体的な計算式は、右ページに記してありますので、日足と週足のそれぞれのベースで移動平均を計算して、実際にグラフ化してみてください。チャート分析をするうえで、移動平均線は欠くことのできない材料ですから、考え方をきちんと理解しつつ読み進めてください。

投資の格言

売るべし、買うべし、休むべし

株は、買うべきときに「買い」、売るべきときに「売り」、休むべきときに「休む」のがよい。がむしゃらに売買すれば、失敗が増えるだけだ

「移動平均」の考え方をマスターしよう

移動平均線とその意味

「移動平均線」とは、一定期間(5日・13週・12カ月など)の株価(一般的には「終値」)の各平均値を連続してグラフ化したもの

$$\frac{P1+P2+P3+\cdots+Pn}{n}=n\text{日(日・週・月)移動平均}$$

●たとえば、5日移動平均なら

$$\frac{200\text{円}+210\text{円}+220\text{円}+205\text{円}+230\text{円}}{5\text{日}}=\boxed{213\text{円}}$$

◎この数字が230円をつけた日以前の5日間の平均値

実際の移動平均線

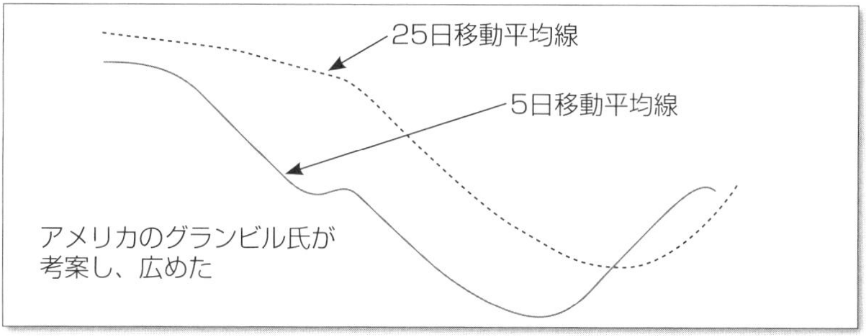

TO THE VICTORY
勝利の方程式

「移動平均線」は、日々の株価なら5日と25日、週ごとなら13週と26週が基本です。またその場合の株価は、一般的に「終値」を基準にします

02 移動平均線の「長所」と「短所」を把握しよう

トレンドを知るには、たくさんの情報を分析する

移動平均線の仕組みがわかったところで、今度はその「長所」と「短所」について説明します。

チャートや罫線の考え方は、ローソク足以外にもさまざまなものがありますが、「これさえ見ていれば大丈夫！」という万能なものはありません。それぞれの特徴を把握して、より確実な投資スタンスを確立することが肝要です。

株価は１日のうちでも、上下に細かく振れています。そのため、株価が動くたびに一喜一憂していては、判断がくるってしまうでしょう。

ところが移動平均線に目を移すと、その細かく激しい振幅がなだらかな曲線で描かれているために、相場の流れが読めるようになるのです。

これが移動平均線の長所として挙げられます。

一方、短所は一定期間の株価を平均化しているために、現実の株価より、つねに遅れて表現されるということです。

株価はすでに下がっているにもかかわらず、移動平均線が株価のはるか上に描かれてしまって、目先の株価を予測しづらくしてしまうことがあります。

移動平均線やローソク足の長所と短所をよく理解して、株価予想に役立てていきましょう。

投資の格言

大相場にはついていくべし

数年に一度とか、10年に一度とか、「大相場」というものがある。このような相場には、黙ってついていくのがよい

移動平均線の「長所」と「短所」を理解する

移動平均線の長所と短所

長所

目先の株価にとらわれずに、
相場の大局が読み取れる

だから

相場のトレンド(傾向)がわかる

短所

値動きとの間にズレがあるため、
ときには「だまし」にあうことがある

そこで

ローソク足と合わせて読むのが効果的

TO THE VICTORY
勝利の方程式

基準にする期間で描かれる移動平均線のパターンは異なりますから、それぞれのチャートを確認して、特徴を把握しましょう

03 「短期」「長期」の移動平均線の特徴を知ろう

移動平均線は、組み合わせで利用する

なぜ、長・短２種類の移動平均線が必要なのかを、ここで説明しておきましょう。

長期移動平均線は、株価のトレンドを確認することに使えますが、激しい動きをする銘柄だと役に立ちません。この点について、75日移動平均線で具体的に考えてみましょう。

たとえば、75日前から昨日まで（74日間）の株価が90円と100円をいききしていて、74日目の株価が100円で終わったとします。74日目の移動平均は95円です。ところが突然、株価が急騰して75日目に150円のストップ高まで買い進まれても、75日目の移動平均は95円70銭にしかなりません。株価と移動平均線は、じつに54円30銭の開きになってしまいます。

このように、長期移動平均線はだいぶ遅れて、現実の株価を追従することになりますから、この点を理解したうえで売買のタイミングを検討する必要があるでしょう。

一方、短期移動平均線は、日足に沿うような形でついてきますから、株価の短期的な流れを見極めるには打ってつけです。

しかし、月足や年足となると、気が遠くなるような期間が基準になりますから、歴史的な転換点などを確認する以外には、使い勝手はよくないかもしれません。

投資の格言

温故知新《おんこちしん》

過去の歴史から、未来もある程度は予測できる。チャートやシグナルは、過去の相場の流れを読む。タイミングが大切だ

「2種類の移動平均線」を使いこなす

長・短2種類の移動平均線

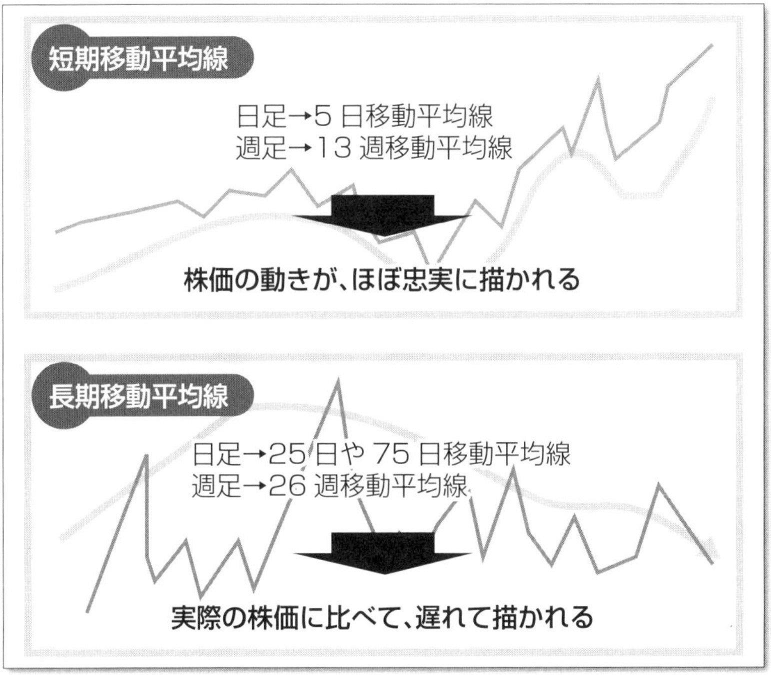

TO THE VICTORY
勝利の方程式

長・短期移動平均線の特徴を把握して、実際の売買に役立てていこう

04 「ゴールデンクロス」と「デッドクロス」を覚えよう

相場のトレンドを示す移動平均線のクロス

短期と長期の移動平均線を組み合わせることで、相場のトレンドを確認することができます。

短期移動平均線が長期移動平均線を「下から上」に突き抜けることを「ゴールデンクロス」といって、目先の株価が上昇トレンドに入ったことを示します。

一方、短期移動平均線が長期移動平均線を「上から下」に突き抜けることを「デッドクロス」といい、目先の株価は下降トレンドに入ったことを示します。

これらの兆候は、市場に流通している株数が多くてなだらかな値動きをする大型株の相場を判断するときには、とくに有効です。ところが、比較的値動きの激しい中・小型株では、「だまし」もありますから、注意しなければなりません。

ところで、ゴールデンクロスとデッドクロスは、移動平均線を基準にした考え方ですから、実際の値動きと比べると「遅れたシグナル」といえます。

ローソク足の動きと照らし合わせてみると、すでに２割程度は上がって（もしくは下がって）しまっているはずですから、やはりローソク足と移動平均線を見比べながら、売りと買いのポイントを判断することが肝要でしょう。

投資の格言

勝ち易《やす》きに勝つ

勝てると思うときに市場の流れに乗って、素直に参加して勝つ。これが賢い方法である。勝てないときは休むのがよい

移動平均線で、相場のトレンドを理解しよう

ブリヂストン（5108）

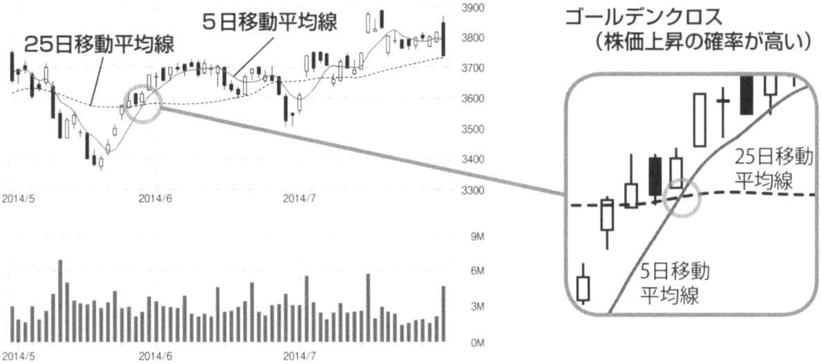

岡三証券グループ（8609）

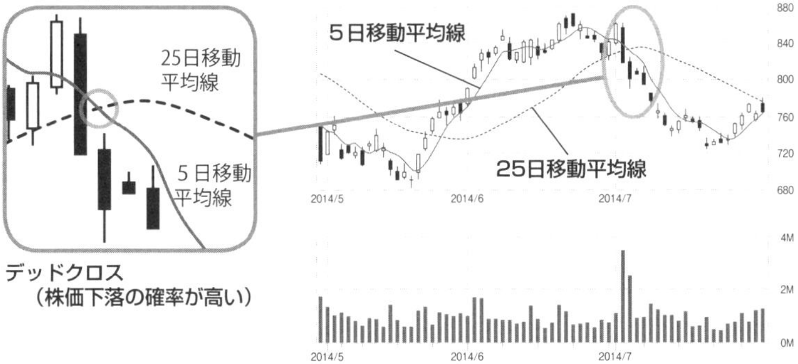

TO THE VICTORY

勝利の方程式

短期移動平均線が長期移動平均線を「下から上」に突き抜けることを「ゴールデンクロス」といい、強気相場を知らせています。

一方、短期移動平均線が長期移動平均線を「上から下」に突き抜けることを「デッドクロス」といって、弱気相場を知らせています

05 さまざまな「ゴールデンクロス」のタイプを知ろう①

最も強いタイプのクロスはこれだ！

ひと口にゴールデンクロスといっても、そのタイプはさまざまです。とくに長期移動平均線の角度は、今後の株価の動向を読むのに大きく影響するといっていいでしょう。

ここからは、「相場の強弱とゴールデンクロス」の現れ方について説明していきます。

相場が最も強いときに現れるゴールデンクロスは、長期移動平均線が上を向いているときに、短期移動平均線が鋭角に上へ突き抜けているときです。

そして、実際の株価が移動平均線の上にあると、株価の動向は最も強いといえるでしょう。

参考チャートを見ても上値が高いことがわかります。

しかし、このようなシグナルは「株価が急騰しているとき」といい換えることもできますから、一転して急落に見舞われることも少なくありません。

投資判断をするときに、相場が非常に強いことを示すシグナルが1つだけ出たからといって、ぬか喜びは禁物です。

その銘柄の置かれた環境をはじめ、浮動株の比率、信用銘柄かどうか、チャートの節目はいくらか、さらには市場全体の状態などを考慮したうえで、総合的に判断してください。

投資の格言

株価は群集心理の産物

株式市場では、冷静に判断するとおかしなことがしばしば起こる。これは投資家の群集心理の産物である場合が多い。仕手株の出来高急増がそうだ

最も強いタイプの「ゴールデンクロス」

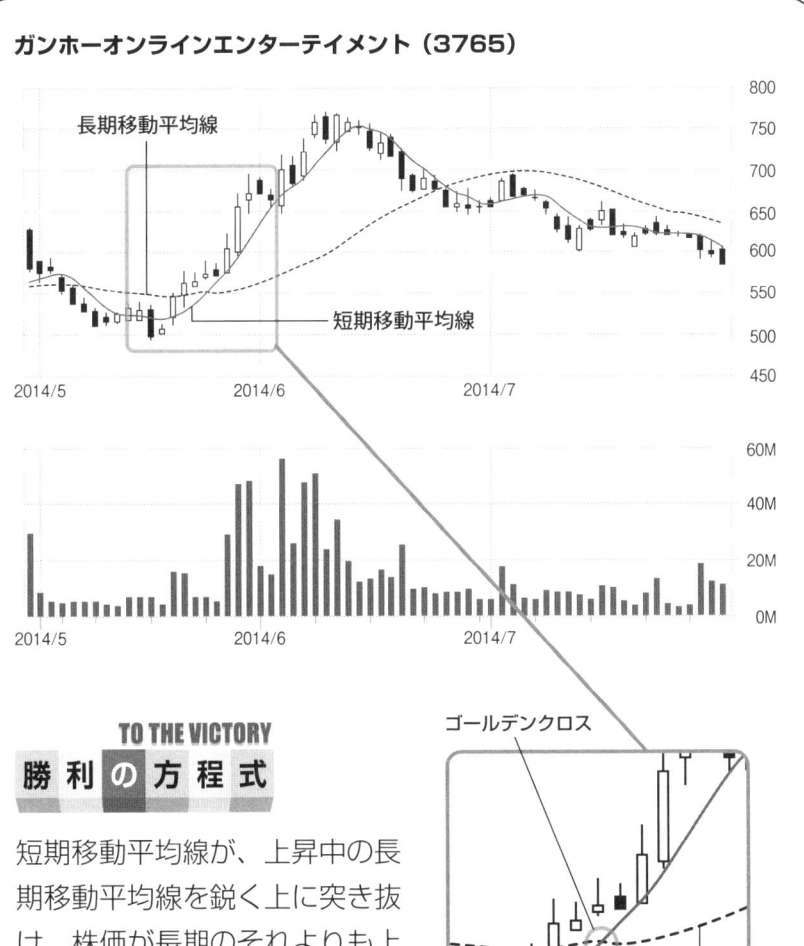

ガンホーオンラインエンターテイメント（3765）

TO THE VICTORY

勝利の方程式

短期移動平均線が、上昇中の長期移動平均線を鋭く上に突き抜け、株価が長期のそれよりも上にあるときの相場は強いのです。このタイプは、目先の天井付近で現れることもありますから、注意しなければなりません

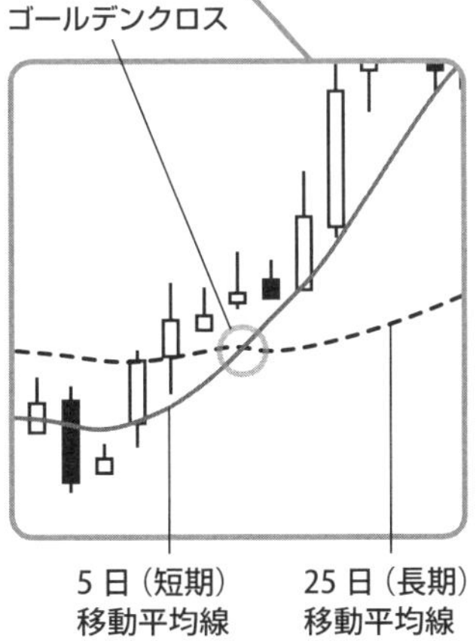

06 さまざまな「ゴールデンクロス」のタイプを知ろう②

買ってもいいタイプの「ゴールデンクロス」

前項では、最も強い相場で出現するゴールデンクロスを紹介しました。ここでは、「買いチャンスが最も多い」タイプについて説明しましょう。

先ほどと同様に、長期移動平均線が上向きで、短期移動平均線が比較的鋭角に下から上に突き抜けているときは、やはり株価は高い確率で上昇します。しかもこのようなゴールデンクロスを描くときは、クロスのあとに若干の保ち合いの動きがあり、株価の上昇スピードはそれほど速くありません。

したがって、前項で説明したゴールデンクロスのタイプよりも、クロスしたあとの上昇期間は長く、上値余地も十分にあるでしょう。つまりクロスしてから買いに動いても、それほどのリスクを負わずに済むのです。しかも比較的短期間で値幅も取れる可能性が高いのも、このタイプの特徴です。

右ページの「ディー・ディー・エス」の参考チャートは、ゴールデンクロスのあと、一時的に保ち合いの状態になっています。ゴールデンクロス後も売り圧力が強かったことが、これからわかるでしょう。

短期間で上昇したときは、値幅調整がきつくなることがありますから、それなりの心構えをしておくことが肝要です。

投資の格言

株式投資はババ抜きや椅子取りゲームに似た遊戯

株式投資は、相場が過熱している状態では、ババ抜きのようなものである。誰もが自分が保有している銘柄はババだとわかっているが、いかにそれを他人に高値で売りつけるかという遊戯をしている

比較的強いタイプの「ゴールデンクロス」

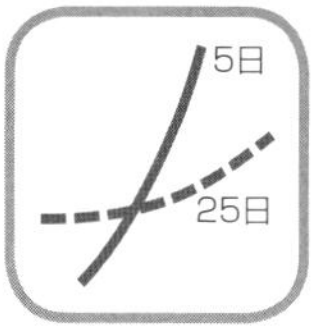

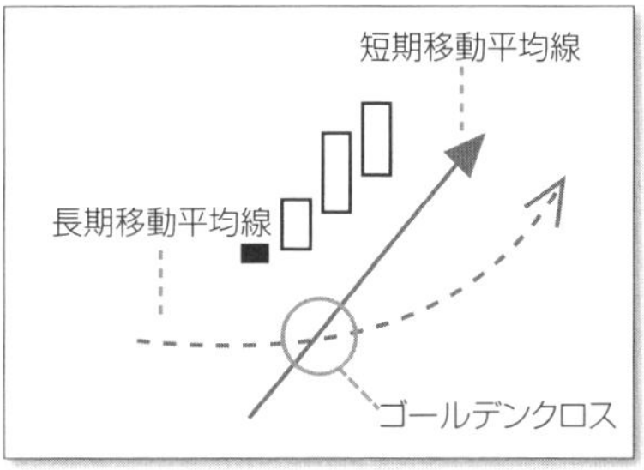

TO THE VICTORY
勝利の方程式

短期移動平均線が長期移動平均線を比較的鋭く下から上に突き抜け、さらに株価も上にあれば、相場の先高期待は強いでしょう

ディー・ディー・エス（3782）

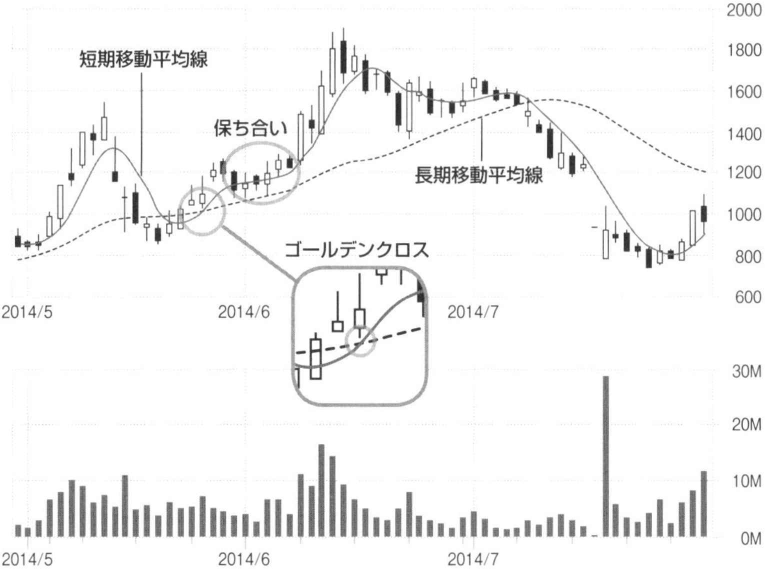

07 さまざまな「ゴールデンクロス」のタイプを知ろう③

このクロスなら、迷わずに買い！

さて、ゴールデンクロスの中で、「最も買い安心感のある」タイプを紹介しましょう。

長期移動平均線が少しだけ上を向き、短期移動平均線がなだらかに下から上に突き抜け、しかも株価が移動平均線の上に、平行してなだらかにあるようなタイプです。これなら上昇期間が数カ月におよぶことが多いですから、安心して買うことができるでしょう。

右ページの参考チャートをご覧ください。

ゴールデンクロスをしてから、かなりの期間右肩上がりに上昇しています。株価も移動平均線上、またはその上にあり、相場の息が長いのです。これまでに紹介したタイプに比べると、かなりゆとりある投資ができるでしょう。

先にも触れましたが、時間をかけて上昇している株価でも、上昇に拍車がかかるような局面があります。そうなると移動平均線と株価との乖離《かいり》が大きくなって調整期間に入ったり、下落に転じたりすることがあります。

このタイプのゴールデンクロスにいくら安心感があるといっても、上昇に拍車がかかってきたら、欲を張らずに利益確定をすることも忘れないでください。

投資の格言

株を買うより、時を買え

株式投資では、銘柄選択は重要であるが、それ以上にタイミングも重要なことだ。シグナルをよく見よ。高値づかみをしてはいけない

安心できるタイプの「ゴールデンクロス」

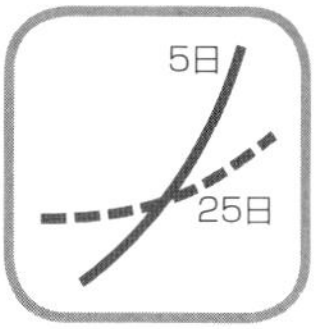

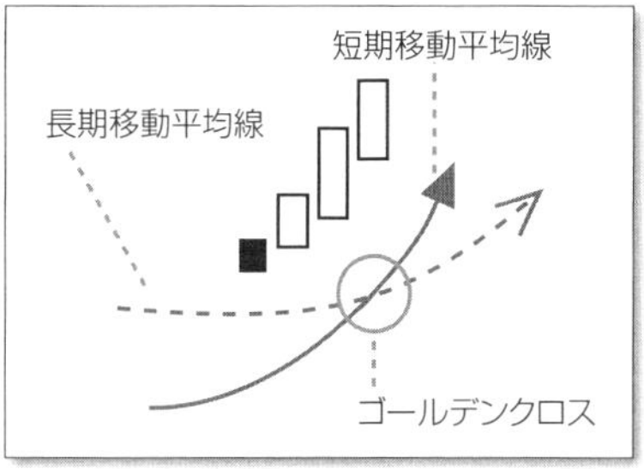

TO THE VICTORY
勝利の方程式

短期移動平均線が長期移動平均線をなだらかに上に突き抜け、株価も上にあれば、その時点で買っても利食いチャンスは十分にあります

岩谷産業（8088）

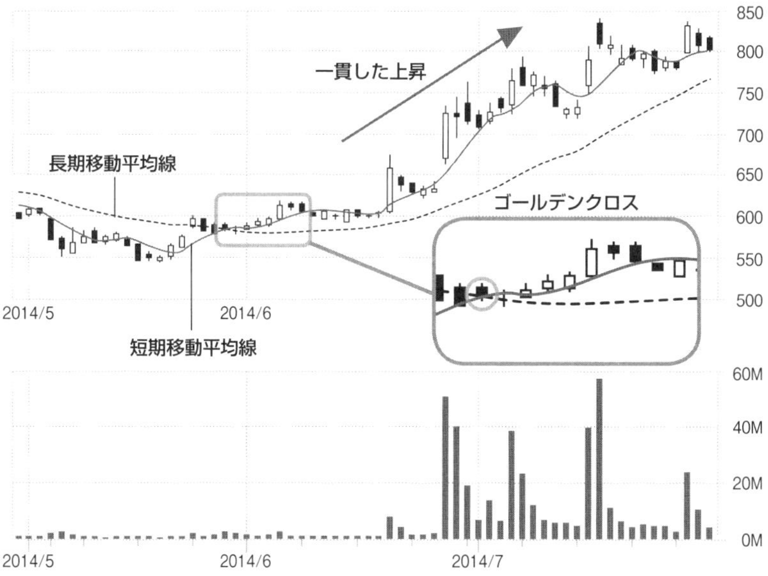

08 さまざまな「ゴールデンクロス」のタイプを知ろう④

弱いタイプのクロスは、信頼性に欠ける

ここまでは、上昇余地を残したゴールデンクロスについて説明してきました。ただ、すべてのゴールデンクロスが買いというわけではありません。とくに長期移動平均線が横ばいか、ほぼ横ばいのときのゴールデンクロスは、注意が必要です。

このようなときは、株価にあまり勢いがないため、短期移動平均線は、やっとのことで長期移動平均線を抜ける場面が、比較的多い傾向にあります。そして、その後の株価はもみ合いが続いたり、下落に転じているはずです。

次ページの参考チャートをご覧ください。

185円近辺でゴールデンクロスをして、一時的に上昇してきていますが、クロス後にすかさず買いを入れても、利益確定のチャンスはほとんどありませんでした。短期の下降トレンドに巻き込まれたからです。

株式投資では、移動平均線だけに頼った投資判断をするのではなく、チャート上に「トレンドライン」を引いてみる必要があります。

仮に下降トレンドを描いている相場でも、積極的に売買したいのであれば、株価から遅れてくる移動平均線だけでは判断材料としては不十分だといわざるを得ません。

投資の格言

罫線(チャート)は相場師の杖《つえ》

罫線（チャート）は株価の歴史であり、罫線から未来がある程度わかる。これを参考にしない手はない

信頼度が低い「ゴールデンクロス」

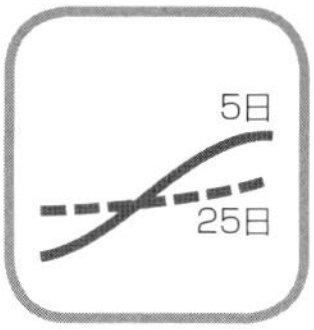

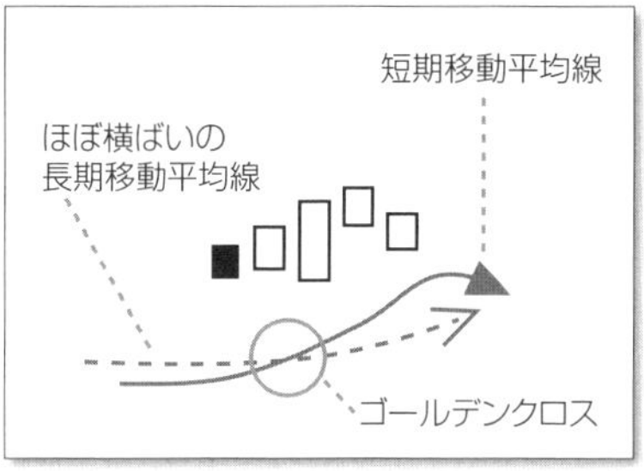

TO THE VICTORY
勝利の方程式

短期移動平均線が、ほぼ横ばいの長期移動平均線をわずかに上回ってきても、上値はさほど期待できないので注意が必要です

フランスベッドホールディングス（7840）

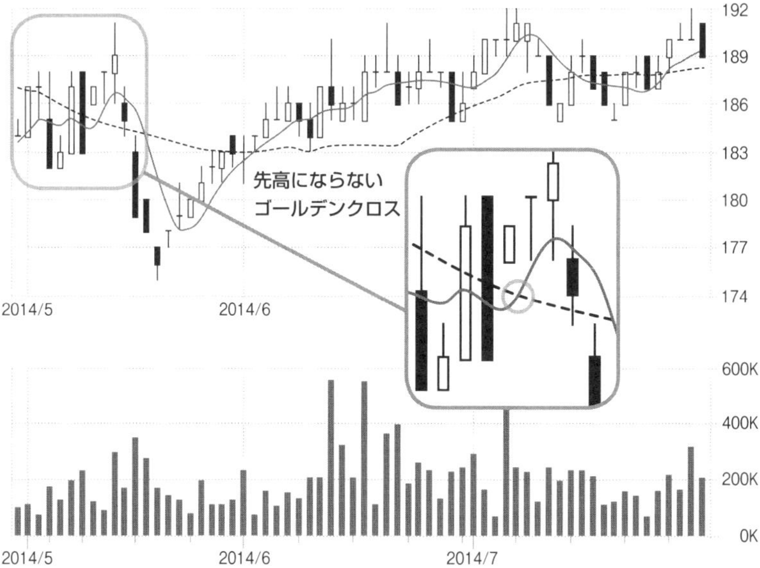

09 さまざまな「ゴールデンクロス」のタイプを知ろう⑤

買いのシグナルとならない「ゴールデンクロス」

ゴールデンクロスとは、「短期移動平均線が長期移動平均線を下から上に突き抜けることだ」と説明しました。

しかし、長期移動平均線が下を向いたまま、ゴールデンクロスをしても、買いシグナルと判断すべきではありません。それよりはむしろ、「危険信号」と考えるべきなのです。

そもそも長期移動平均線が下向きということは、株価が完全な下降トレンドを描いていることが多く、一時的な上昇でゴールデンクロスをしても飛びついてはならないのです。

逆にもしその銘柄を持っていたら、早めに手仕舞う算段をすることが大切だといえるでしょう。

右ページの「ファナック」の参考チャートでも、この傾向は明らかです。チャートには、3度のゴールデンクロスがありますが、２度目のクロスでは、数日後にデッドクロスをして下落しています。株価は上げではなく、あや戻しだった可能性が高いといえるでしょう。

ゴールデンクロスだからといって、むやみやたらに飛びつくのではなく、トレンドがどちらに向いているか、移動平均線の位置がどうなっているかも、必ず確認すべきです。

投資の格言

株に一攫《いっかく》千金はない

株式投資に甘い幻想を抱くな。地道に利を取っていく姿勢が大切だ。危ないやり方は大きな失敗を生む

先行きに注意すべき「ゴールデンクロス」

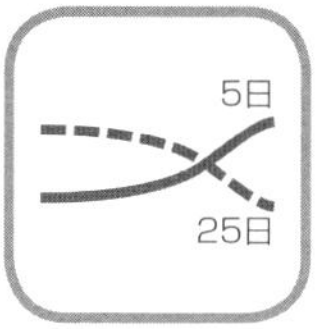

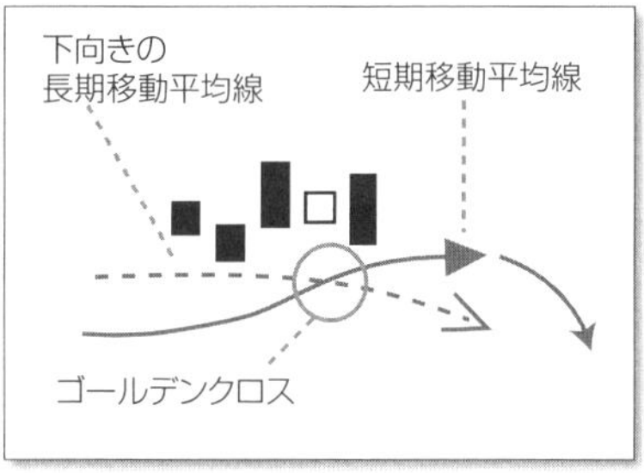

TO THE VICTORY
勝利の方程式

ゴールデンクロスでも、長期移動平均線が下向き傾向であれば、その後の株価の上昇は一時的であり、買いシグナルではありません

ファナック（6954）

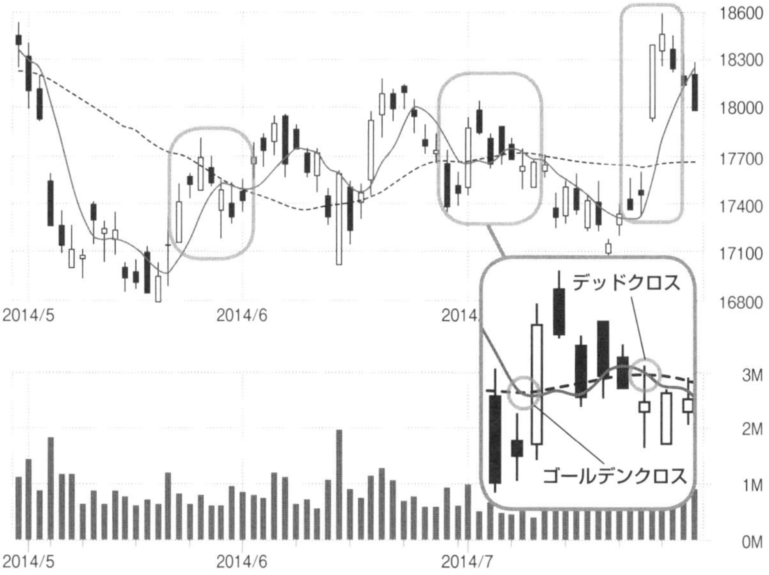

10 「グランビルの法則」を学ぼう!!

株価の動きには、一定のパターンがある

移動平均線を考案したグランビル氏は、長期移動平均線と日々の株価を組み合わせて売買のタイミングを計る「グランビルの法則」を提唱しました。買いシグナルが４つと、売りシグナルが４つ、合計８つの基本法則から成り立っています。

「買い」（①〜④）と「売り」（❺〜❽）のポイントをそれぞれ紹介しましょう。

①長期間下落してきた移動平均線が復調し始め、株価が移動平均線を抜いてくれば「買い」

②移動平均線が上昇基調にあって、株価が移動平均線を下回ったときは「押し目買い」

③株価と移動平均線との乖離が大きくなり株価が下落しても、上昇中の移動平均線とクロスしないまま再反騰すれば「買い」

④移動平均線が下落基調に転じても、株価が著しくマイナス乖離していれば「買い」

❺株価が移動平均線から著しくプラス乖離しているときは「売り」

❻株価が上昇基調から下落基調に転じて、移動平均線を下回ってきたら「売り」

❼下降中の移動平均線を株価が上回っても、トレンド反転が見込めない場合は「戻り売り」

❽株価が下降トレンドにあって、移動平均線を上回れず、再度、下落を始めたら「売り」

投資の格言

株に絶対はない

相場は世の中のさまざまな影響を受ける。投資経験が長くなると、相場動向を判断する力はつくが、絶対にこうなるという保証はない

8つの「売買ポイント」をマスターしよう

グランビルの法則

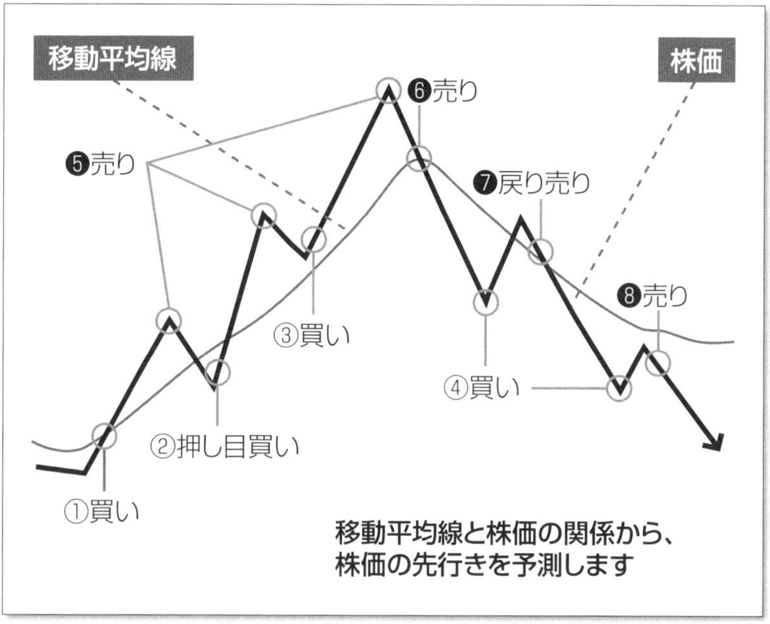

TO THE VICTORY
勝利の方程式

多くの投資家は、この法則を参考に売りと買いの判断をします

株価と移動平均線には「離れすぎると近づく」「近づきすぎると離れる」という性質があり、これを応用したものが「グランビルの法則」といえる。この法則は、ウォール街のチャート分析家として知られたジョセフ・E・グランビルが1962年に著した「グランビルの投資法則」で紹介された。それから50年以上経った現在でも、多くの投資家に活用されている

11 グランビルの法則「買いシグナル①」

利益確定のチャンスは、十分にある

前項で、グランビルの法則の概略がわかったところで、８つのシグナルについて詳しく説明していきましょう。

この法則では、日足が基準のときは25日移動平均線、週足なら26週移動平均線が使われます。

なお、本書では日足を基準に解説しています。

まずは、４つの買いシグナルのうち、最も強いとされている「①長期間にわたって下落してきた移動平均線が復調し始め、株価が下から鋭く移動平均線を抜いてきたとき」です。

これまで下降トレンドを描いてきた長期移動平均線が鎌首をもたげて上昇トレンドに転じようとしているときに、株価が下から突き抜けてくれば、千載一遇のチャンスかもしれません。

市場環境によっては、再度、下降トレンドに戻ってしまうこともありますが、一般的には参考チャートのように長期間にわたって上昇し続けます。

参考チャートでは、750円台で底打ちした株価が780円近辺で長期移動平均線とクロスし、陽線を随所に織り交ぜながら上昇トレンドに入っています。

これなら買いシグナルが出てから仕込んでも上値余地があるため、利益確定のチャンスも十分にあるでしょう。

投資の格言

果報は寝て待て

熟慮に熟慮を重ねて買った株は、日々の株価に一喜一憂せず、時が来るのを待つだけの我慢が大切である

このポイントが「買い」の第1弾

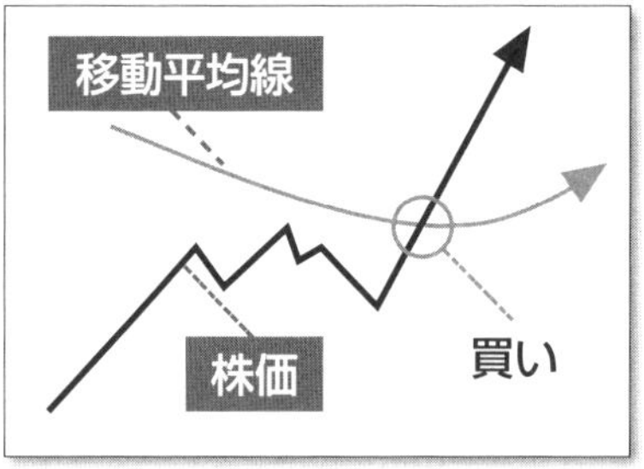

TO THE VICTORY
勝利の方程式

長期間下向きだった移動平均線が復調し始め、株価が移動平均線を抜いてきたときは、強い買いシグナルになります

大和証券グループ本社（8601）

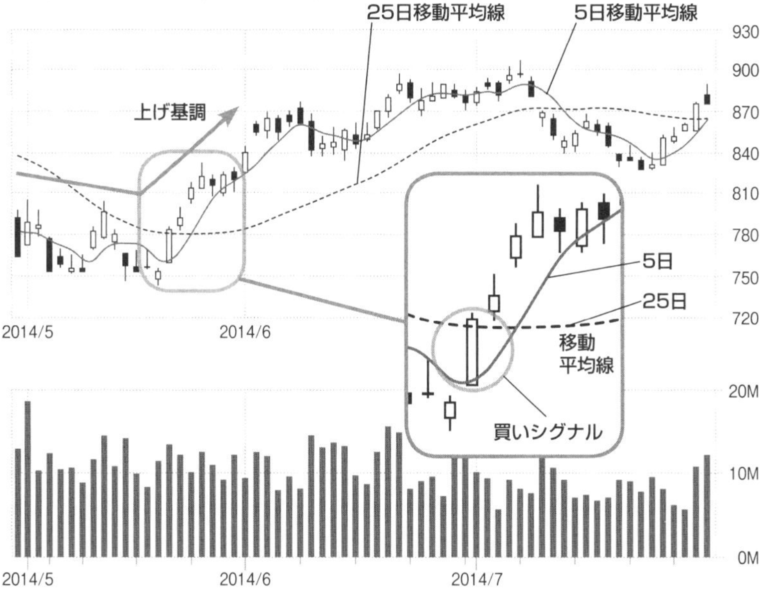

12 グランビルの法則「買いシグナル②」

押し目買いのチャンス！

次のグランビルの法則「買いシグナル②」は、「②移動平均線が上昇基調にあれば、株価が移動平均線を下回ったときは押し目買い」というものです。

これは前項の「買いシグナル①」のあと、順調に株価は上昇したものの、上昇のピッチが急だったために警戒感が台頭し、利益確定の売りに押されて、株価が一時的に移動平均線を下回った状態です。

このようなときは、反転上昇の兆しがあれば、押し目買いをして、次の上昇波動に乗る態勢を整えるべきでしょう。

もちろん、そのまま下落していくこともありますから、株価が移動平均線を下回ったからといって、飛びつき買いだけはしないように心がけてください。

さて、右ページの「安川電機」の参考チャートで確認してみましょう。

1350円近辺から下落した株価は、1260円近辺で底値をつけて反転上昇しています。その後の株価は、右肩上がりに推移しながら高値を取っています。

これは理想的なパターンの1例です。

投資の格言

閑散に売りなし

相場が低迷すると、売り買いともに減少し、閑散となる。売りたい人は、すでに売ってしまったあとであり、転機は近い

見逃せない「押し目買い」のポイント

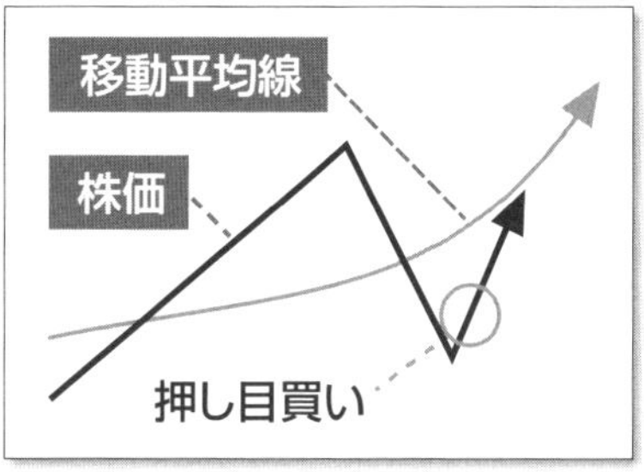

TO THE VICTORY
勝利の方程式

移動平均線が上向き基調にあり、かつ株価が移動平均線を下回ったときは、反転上昇を確認してから、押し目買いをするのが鉄則です

安川電機（6506）

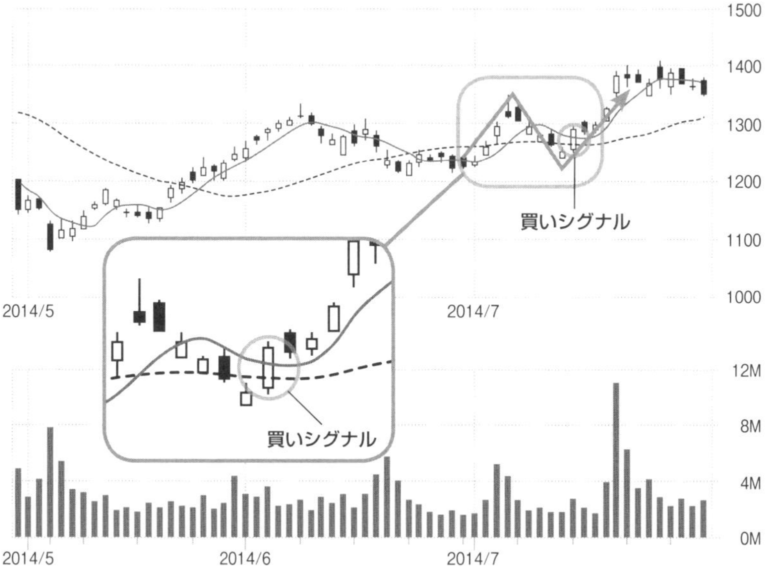

13 グランビルの法則「買いシグナル③」

追撃買いのチャンスはここだ！

さて、グランビルの法則の３番目の買いシグナルを説明しましょう。３番目の買いシグナルは、「③株価と移動平均線との乖離が大きくなったあとに株価が下落しても、上昇中の移動平均線とクロスしないまま再反騰を始めれば買い」というものです。

これは株価と移動平均線の乖離が著しくなり、一時的な調整期間に入ったのですが、株価の騰勢《とうせい》は衰えていません。

ここでは、株価が下落しても、移動平均線を割り込むことなく、反転上昇を開始したところをねらうわけです。この買いシグナルは、２番目に説明したシグナルに似ていますが、こちらは押し目買いというやや消極的なものではなく、より積極的な買い増しのときに利用することが多いでしょう。

参考チャートをご覧ください。

株価は1210円から一気に1320円近辺まで値を上げています。移動平均線との乖離が大きくなり、一旦、反落しますが、移動平均線と交差しないまま反騰しています。

その後、株価は1375円近辺まで一気に上りつめています。

投資の格言

聞くは一時の恥、聞かぬは一生の恥

知らないことは人に聞くなり、自分で調べるなりして、わかるまで勉強すること。チャートも知らないと損をするだけだ

「追撃買い」は、このポイントをねらえ！

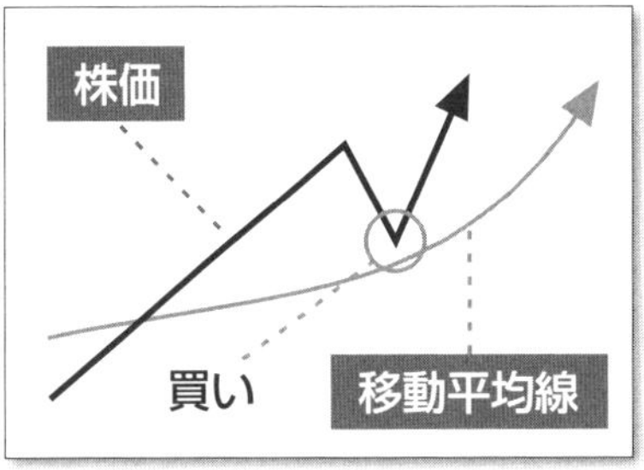

TO THE VICTORY
勝利の方程式

株価が移動平均線との乖離が大きくなって反落したとしても、上昇中の移動平均線と交差しないまま反騰すれば、買いシグナルです

T&Dホールディングス（8795）

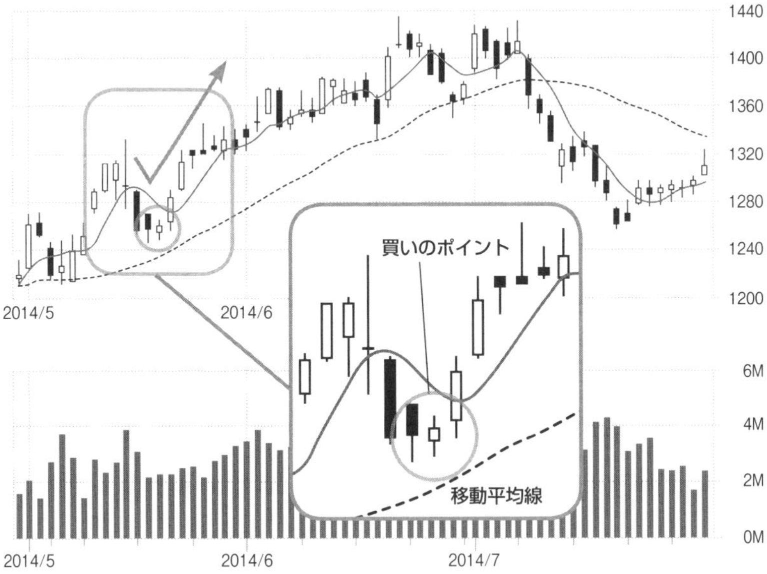

14 グランビルの法則「買いシグナル④」

このポイントは、注意が必要だ

いよいよ、グランビルの法則の最後の買いシグナルです。

４番目の買いシグナルは、「④移動平均線が下落基調に転じても（横ばいもあり）、株価が著しくマイナス乖離していれば買い」というものです。「３番目の買いシグナルの移動平均線と株価の位置関係が逆」と考えればよいでしょう。

株価が移動平均線のはるか下に乖離していれば、市場参加者は下げすぎと判断し、株価は自律反発するのです。

このポイントを的確にねらえれば、理論的には利益確定のチャンスは十分にあります。

しかし、下降トレンドでの買いタイミング探しは容易ではありません。理論的には買いシグナルでも、どこが反発のポイントなのかを見極められなければ、利益確定の売場を見失い、リスクだけを負うことになります。こうした相場に参戦するときは、この点を十分に理解したうえで行動しなければなりません。

参考チャートでも確認してみましょう。

株価は1600円台から、ほとんど陽線をつけないまま1500円近辺まで下落しています。このあと比較的長い陽線が立って株価は持ちなおし、乖離を是正しつつ上昇しています。そのあとに株価は高値圏となり、1800円近くをつけました。

この例のように成功する場合もありますが、注意が必要です。

投資の格言 幸運の女神がノックしたら、すぐにドアを開けよ

「幸運を逃すな」という意味。幸運の女神は一瞬で消える。売買のチャンスも一瞬だ

「下落途中」でも、ワンチャンスあり！

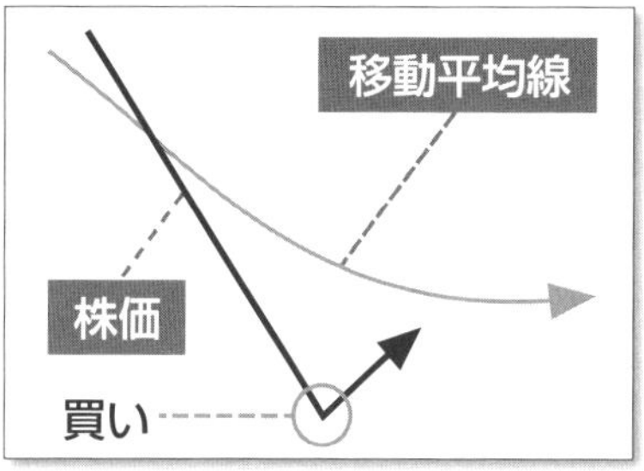

TO THE VICTORY
勝利の方程式

移動平均線が下向き基調に転じても、株価が著しく移動平均線よりマイナスに乖離していなければ、自律反発の可能性が高いので、「買い」となります

住友金属鉱山（5713）

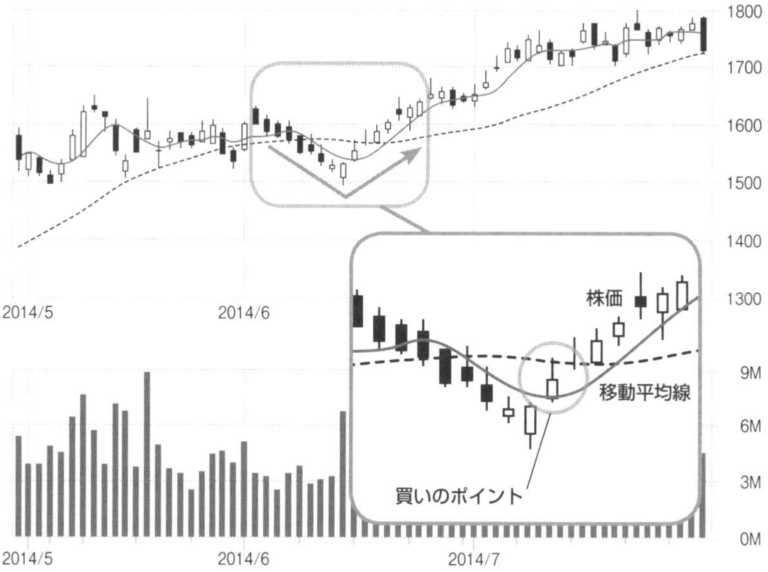

15 グランビルの法則「売りシグナル①」

売りのタイミングを逃さないように注意

ここからは、グランビルの法則の４つの売りシグナルの解説に入ります。売りシグナルは、手持ちの株の売り場を探すばかりでなく、「カラ売り（株券を持たず、あるいは持っていてもそれを使用せずに、他から借りて行う売りのこと）」のタイミングを計るうえでも利用できるのです。

ここでは、買いから入ったケースを中心に説明していきます。

52ページで触れた「❺株価が移動平均線から著しくプラス乖離しているときは売り」というのが、１番目に説明する売りシグナルです。

株価が騰勢を強めて大幅に上昇すると、移動平均線は株価のはるか下に取り残されてしまいます。こうしたチャートを見ると、株価は無限に上がっていくような錯覚に陥ります。

しかし、大半は調整したり、反落したりしますから、ここでは一度、利益確定をすべきしょう。

参考チャートで確認してみましょう。

株価は500円近辺を底に勢いをつけ、620円近くまで一気に駆け上がりましたが、それが当面の天井になり、下落し始めました。上昇基調にあっても、株価と移動平均線との乖離が著しくなれば、出来高が減少して調整する局面がきますから、そのタイミングを逃さないように準備をしておいてください。

投資の格言

虎穴《こけつ》に入らずんば虎児《こじ》を得ず

リターンを得るにはリスクが必要ということ。リスクのない相場はないものだ。それにあえて挑む勇気が必要だ

上がりすぎたら、手堅く利益確定を！

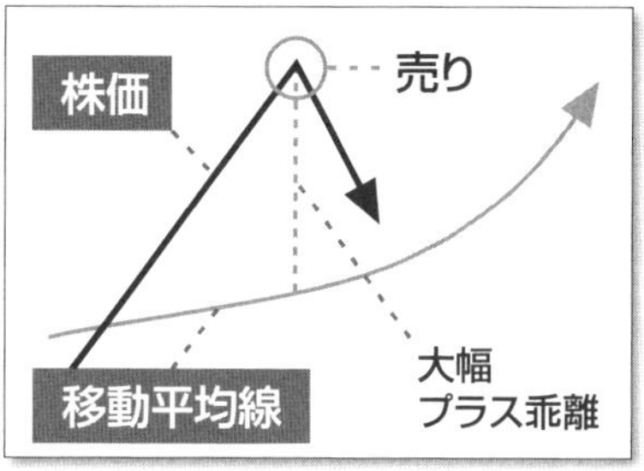

TO THE VICTORY
勝利の方程式

株価が移動平均線から著しくプラスに乖離しているときは、売りシグナルと心得てください

りそなホールディングス（8308）

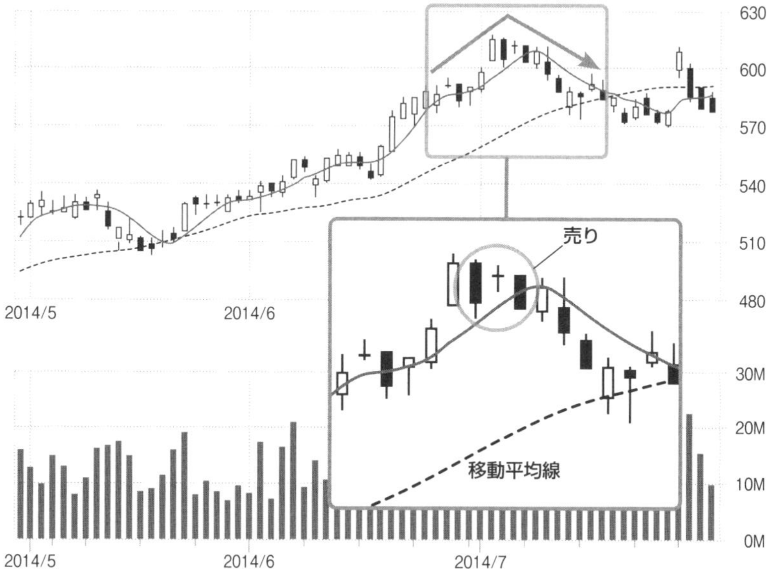

16 グランビルの法則「売りシグナル②」

悩みどころの少ない売りのポイント

次に、株価が上昇トレンドから下降トレンドに転じたときの売りシグナルについて説明していきましょう。

この２番目の売りシグナルは、52ページで「❻株価が上昇基調から下落基調に転じて、移動平均線を下回ってきたら売り」と紹介しました。

株価が天井に達したときに売ることができれば、これ以上のことはないでしょう。

しかし、高値圏から下押ししても、再騰するかもしれないとの期待が先行して、売り時を逃してしまうことも少なくありません。売り逃しをしないためには、いったいどうすればいいのでしょうか。参考チャートを見ながら、売りシグナルを探してみましょう。

長い間の上昇トレンドの末に1430円をつけた株価が下落し始め、すでになだらかになりかかっていた25日移動平均線を1380円近辺で下に割り込みました。その後、移動平均線は下向きになっています。つまり下降トレンドに転じた兆候が移動平均線で確認でき、しかも株価が移動平均線と接触しているところが、売りのポイントになるのです。

投資の格言

後悔に二つあり

「もう少し待てばもっと利益を出せただろう」という後悔。「欲をかき、さらに利益を求めたために大損をした」という後悔。欲は出しすぎるなかれ

反転下落を確認したら「売り逃げる」

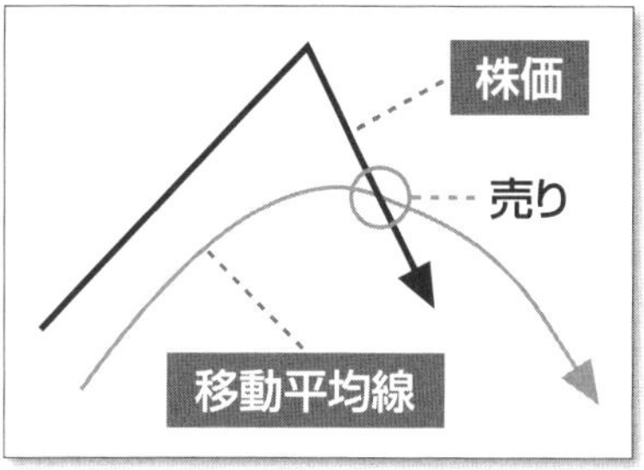

TO THE VICTORY
勝利の方程式

株価が上昇基調から下落基調に転じて、移動平均線を下回るときは、「売り」が基本です。欲張らずに利益確定を!!

T&Dホールディングス（8795）

17 グランビルの法則「売りシグナル③」

トレンドを見ながら、売りのポイントを判断

それでは、第３の売りシグナルである「❼下降中の移動平均線を株価が上回っても、トレンド反転が見込めない場合は戻り売り」について説明しましょう。

株価が下降トレンドに入ると、売るチャンスは何度もめぐってくるものではありません。とくに株価が移動平均線の下から上へ突き抜けてきても、トレンドが下であれば、本格的な反騰は期待できないでしょう。

もちろん、なんらかの材料で上昇する可能性も否めませんから、売りを判断するには、株価が下落に転じたことを確認する必要があります。そして株価が移動平均線に接触するまでに手仕舞うことができれば申し分ありません。

実際のチャートを見ながら、法則のおさらいをします。

移動平均線から大きく下に乖離した250円近辺を底値に、株価は上昇し、274円まで到達しました。

この間、一時的に緩やかな角度でゴールデンクロスをしていますが、「トレンドライン」は下向きですから、25日移動平均線と交差したところが、売りだったということになります。

投資の格言

小回り三カ月

小さな波動（上昇・下降のトレンド）は、３カ月前後で変化する傾向がある。この習性を知っておこう

反転上昇が期待できなければ「戻り売り」

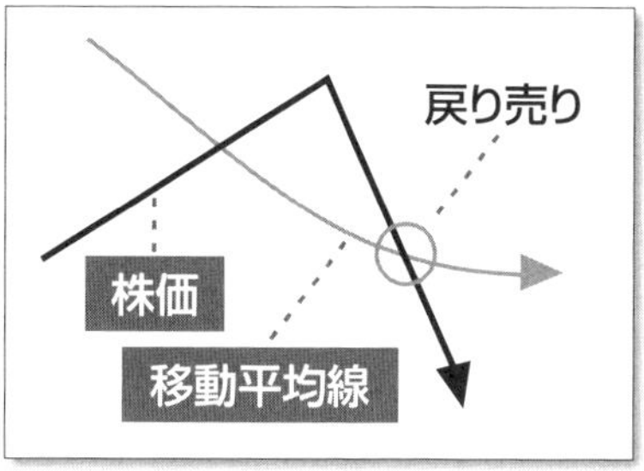

TO THE VICTORY
勝利の方程式

株価が下降中の移動平均線を上回っても、トレンドの反転が見込めないときは、「売り」が原則です

DIC（4631）

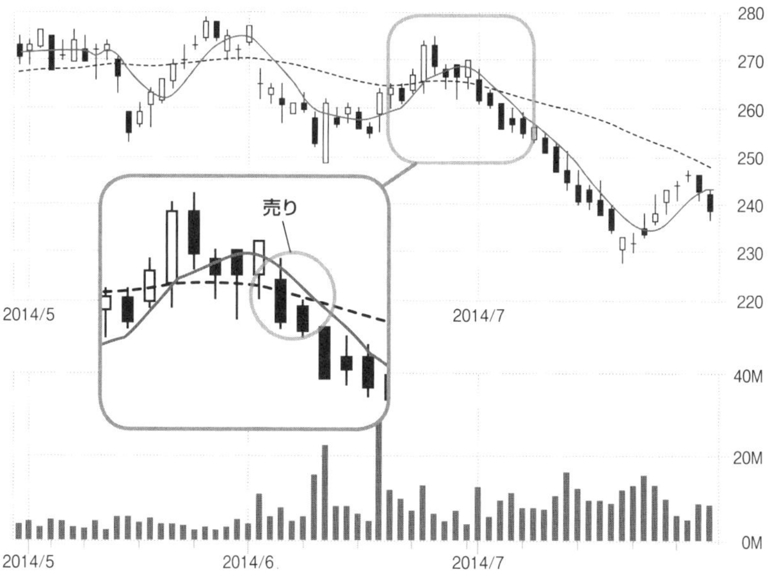

18 グランビルの法則「売りシグナル④」

最後の売りのチャンスとなるかも…？

グランビルの法則の解説も、いよいよ最後になります。

４番目の売りシグナルは、「❽株価が下降トレンドにあって、移動平均線を上回れず、再度、下落を始めたら売り」というもので、株価の勢いはかなり弱まっていると考えられます。

これまで説明してきた３つの売りシグナルは、いずれも移動平均線の上か、移動平均線に接触するところで点灯していました。

しかし、このときの株価は、長期移動平均線を上回るほどの勢いはありません。

このようなときは、移動平均線に近づくのがせいぜいですから、再下落を始めたら手持ちの株を売り乗せる準備を整えておくべきでしょう。

右ページの「日揮」の参考チャートでも、法則どおりの動きを示しています。

3400円近辺から下落してきた株価は、3300円近辺でいったん底を打ちますが、出来高はさほど増える兆しがありません。

その後、なんとか再度、3400円近辺まで戻しているのですが、ぎりぎりのところで25日移動平均線に接触できず、大陰線が出て、大幅に下落しています。

結局、直後には2800円近辺まで下落し、なんと高値から600円幅も含み益を減らしています。

投資の格言

最良の預言者は過去なり

過去の歴史から、未来もある程度は予測できる。テクニカルの考え方は、過去を学ぶことにある

移動平均線を上回らなければ「追撃売り」

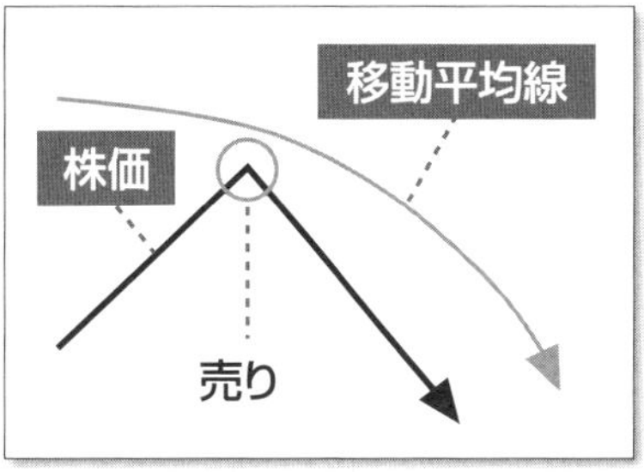

TO THE VICTORY
勝利の方程式

株価が下降トレンドにあるのに移動平均線を上回れず、再度、下落し始めたら、追撃売りです

日揮（1963）

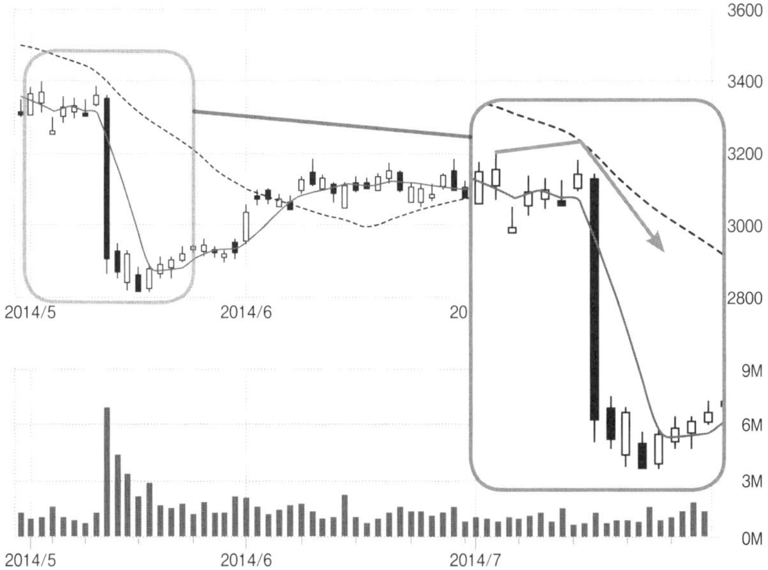

19 「もみ合いのタイプ」で上昇と下落を見極めよう

9つのタイプを完璧に覚えよう！

株価が一時的な「もみ合い」状態に入ると、その後の相場が上昇するのか、下落するのかを判断しなければなりません。

もみ合いのあとに来る相場を正確に読むことができれば、投資成績は飛躍的に上がることでしょう。

そのためには、まず、どのようなもみ合いのタイプがあるのかを知らなければなりません。

もみ合いのタイプには、右図のように「上昇三角型」「対称三角型」「コイル型」「上昇ペナント型」「上昇フラッグ型」「下降ウェッジ型」「下降三角型」「下降ペナント型」「下降フラッグ型」の９種類があります。

このうち、もみ合いのあとに上昇するのが４種類、下落するのが３種類、上昇・下落の双方が考えられるのが２種類になります。まず最初に、９種類のもみ合いの形と名称をしっかりと覚えてください。似たようなものがありますが、混同してしまうとチャートを見誤る原因になってしまいます。

それぞれのタイプは、上昇型と下降型（上昇と下降の両方は、下降型に含めて説明します）に分けて、第３章・第４章で解説します。

投資の格言

材料はあとからついてくる

株価が上がり出すとどんな銘柄でももっともらしい材料が出てくる。理由はあとからつけられ、株価上昇の説明がなされるものだ

「もみ合いタイプ」のパターンを覚えよう！

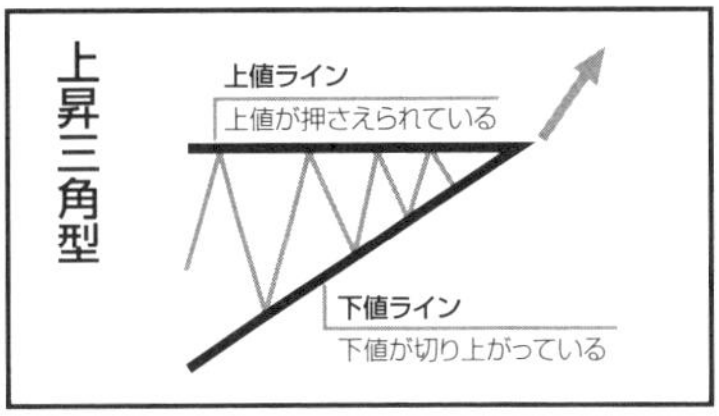

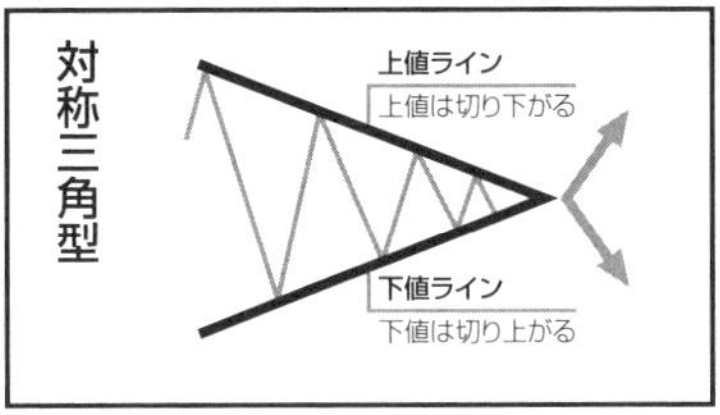

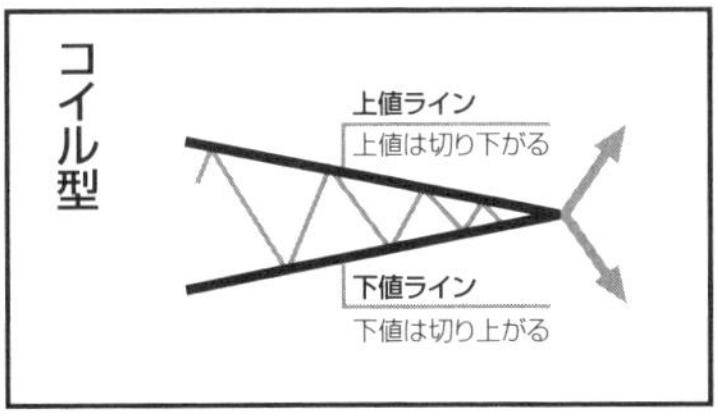

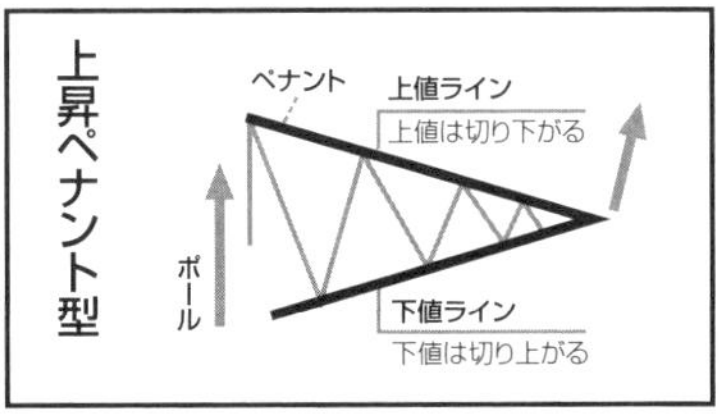

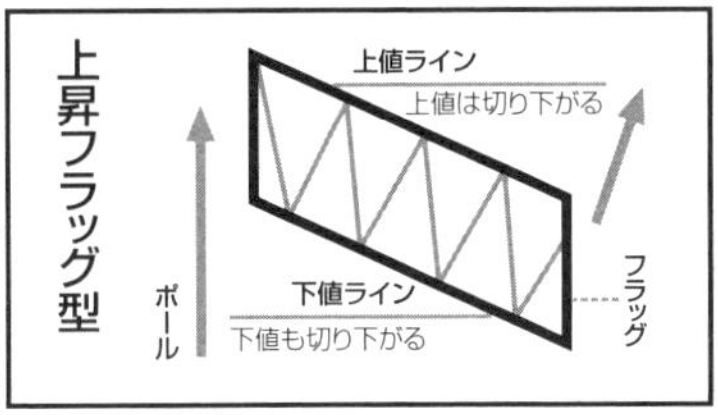

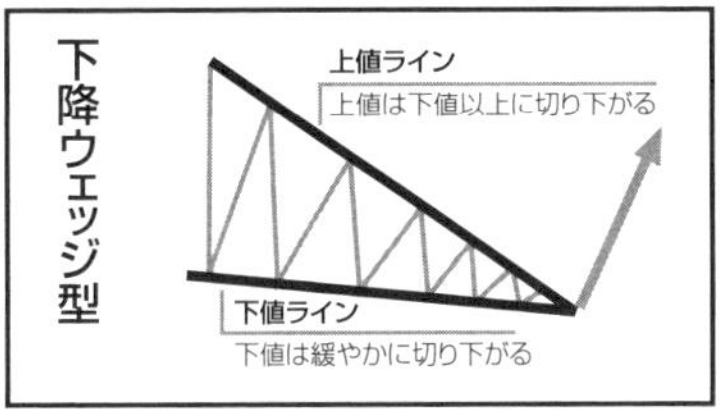

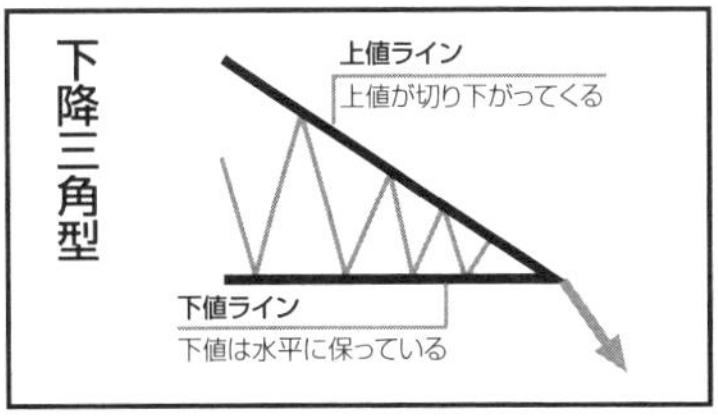

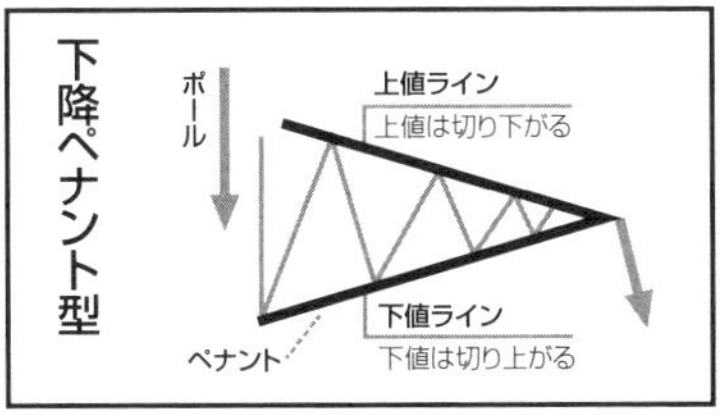

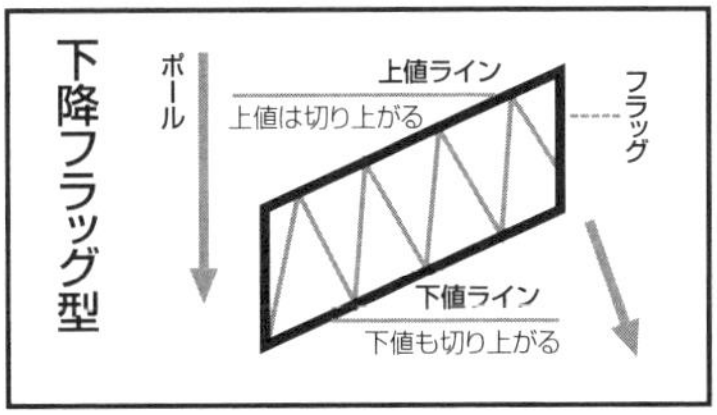

上値ライン（上値抵抗線）と下値ライン（下値支持線）を合わせて「トレンドライン」という。それぞれのトレンドラインは、株価チャートの離れた地点における高値どうし、または安値どうしを結べば簡単に描くことができる

20 「天井」と「底」を示すアメリカ流の考え方

さまざまな国の考え方も取り入れよう！

日本で研究されてきた「天井」や「底」を判断するチャートの形である「三尊型」(178ページ) や「逆三尊型」(126ページ) は、アメリカでも数多くのタイプが研究されてきました。

そのうち、これから説明するのは「ヘッド・アンド・ショルダーズ・トップ」「ヘッド・アンド・ショルダーズ・ボトム」「ダブル・トップ型」「ダブル・ボトム型」「逆Ｖ字型」「Ｖ字型」「ソーサー型トップ」「ソーサー型ボトム」の８種類です。

これらのタイプは、二度三度にわたって上値を試したり、突然、上昇したりするような特殊な値動きをするものばかりです。

そして実戦でこうした値動きに直面しても、「どう対処すべきか」「何を見ればいいか」「売買のポイントはどこか」が、きちんとわかっていれば、悩みも少なくなるでしょう。

日本流の考え方とアメリカ流の考え方、それぞれをしっかりと覚えておけば、鬼に金棒です。

さて、このセクションからは、これらの解説とともに、それぞれのタイプと出来高の関係にも言及していきます。

株式投資は、備えあれば憂いなしですから、丁寧に読み進めてください。

投資の格言 回復に向かう見通しがついたときが買いチャンス

過去にも政府が本気になって株価対策を打ち出したころが、絶好の買い場となった。徹底した人員削減などをするようになれば、その会社は回復していく可能性が高い

アメリカで研究された8種類の株価変動タイプ

「ソーサー型トップ」は、「鍋底天井」「団子天井」など、日本でも同じようなパターンとして認識されている

ヘッド・アンド・ショルダーズ・トップ

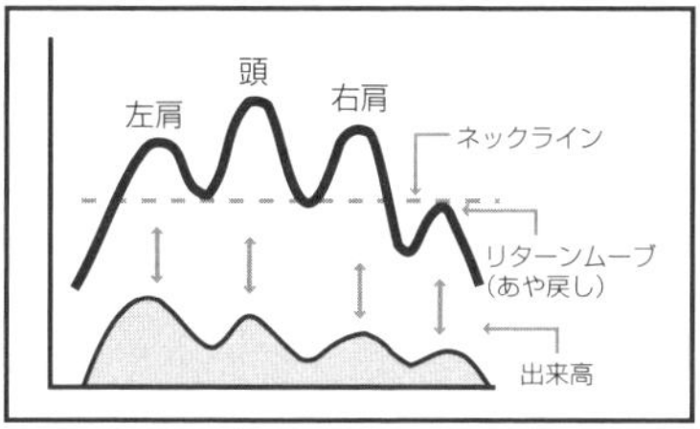

ヘッド・アンド・ショルダーズ・ボトム

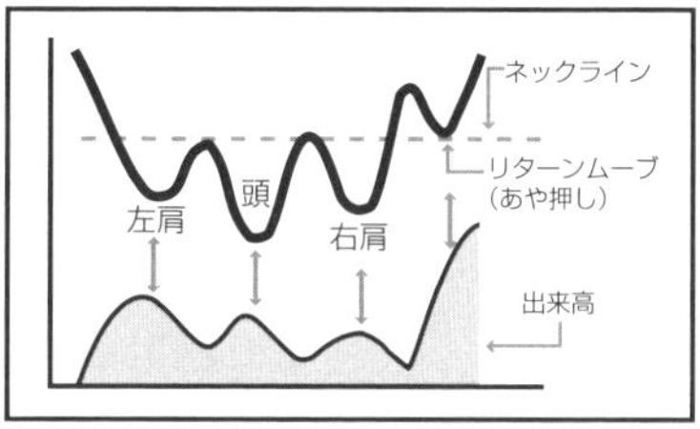

ダブル・トップ型

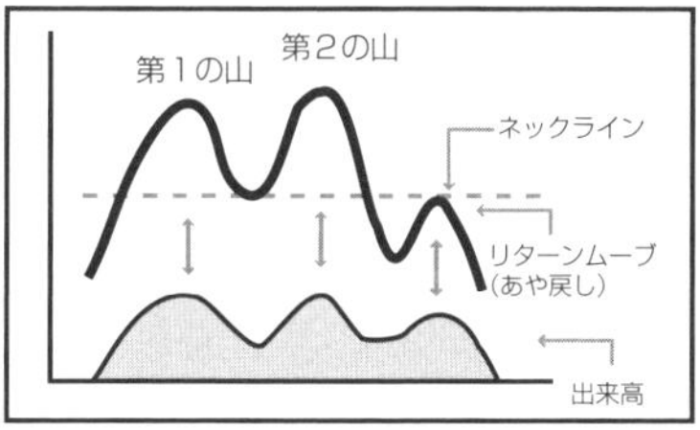

ダブル・ボトム型

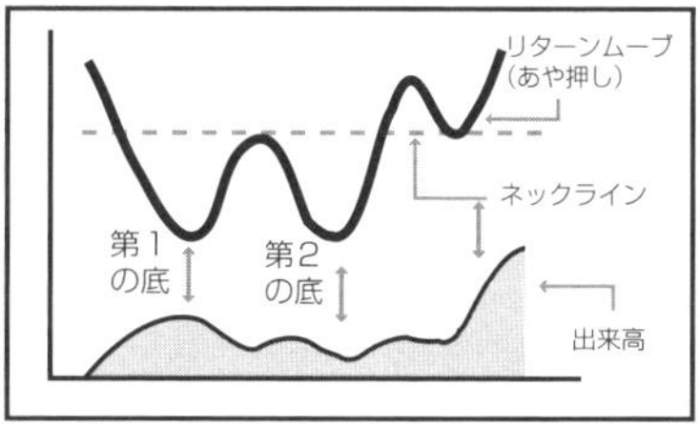

逆V字型

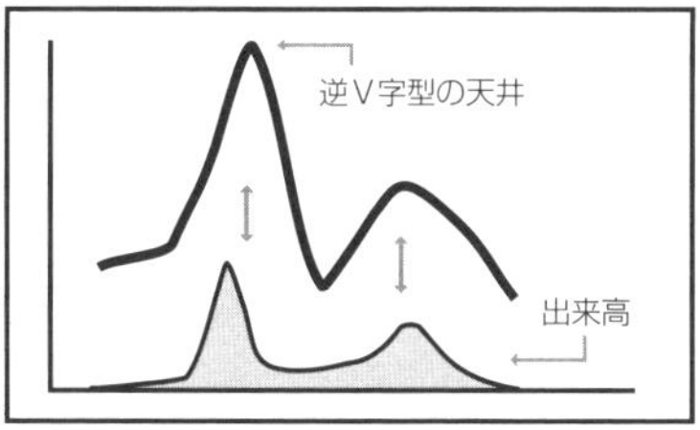

V字型

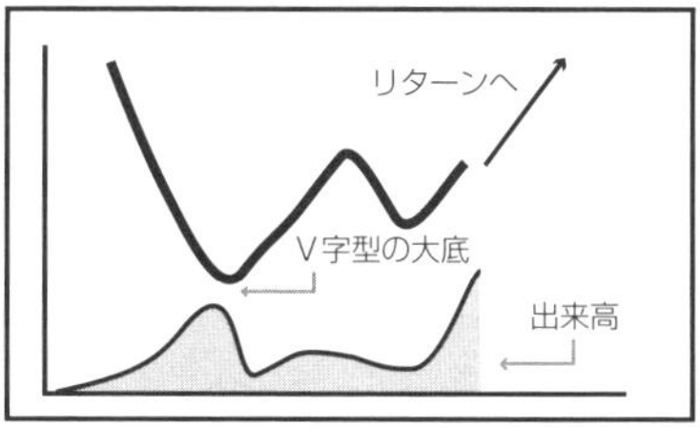

ソーサー型トップ

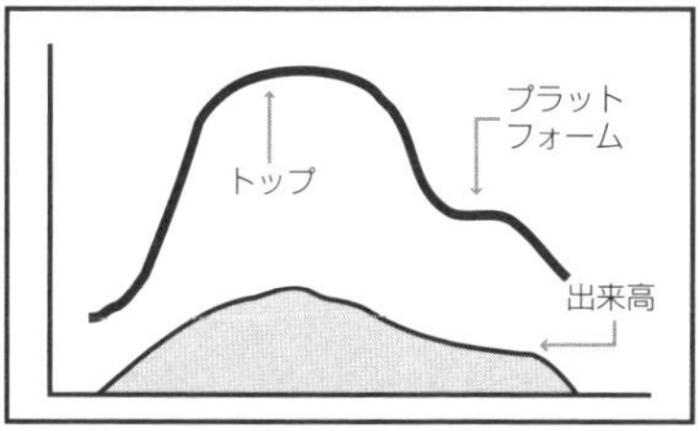

ソーサー型ボトム

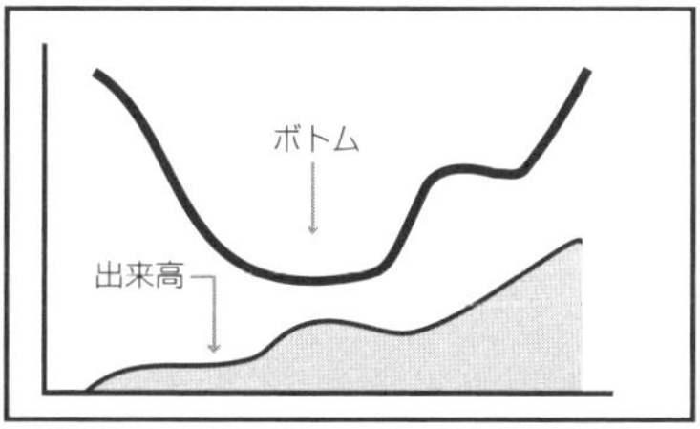

21 「ヘッド・アンド・ショルダーズ・トップ」とは？

高い精度で、売りのポイントを発見できる！

「ヘッド・アンド・ショルダーズ・トップ」は、３回の高値挑戦から、最後は力尽きて下落の道をたどるタイプです。

この名称は、株価の動きが人の上半身の形に似ていることから名づけられました。右図でも示したように、１回目と３回目の高値挑戦が「肩（ショルダー）」、そして２回目の高値挑戦が「頭（ヘッド）」に相当します。

このタイプで最も大切なのが、「ネックライン」です。１回目と２回目の高値挑戦から下落して、上昇に転じた株価の中間値が、このネックラインになります。つまり高値挑戦を３回してから株価が下落し、このネックラインを下回ると、下降トレンドに転じたと判断できるわけです。

一般的には、出来高は、最初の高値挑戦のときが最も多く、その後、天井をつけにいくたびに減少します。そのため、出来高を見ていれば、株価がネックラインを下回る前でも先行きを予測することは比較的可能です。

こうした株価の動きと出来高の関係が理解できれば、極めて高い精度で、売りのポイントがわかりますから、成功率も高くなるといえるでしょう。

投資の格言

上昇に転じた相場は上昇を続け、下落に転じた相場は下落を続ける

相場は、一度どちらかの方向に動き出すと、加速度がついていきすぎる場合が多い。理論的な天井があってもそれを大幅にこえたりする

出来高の増減にも着目しよう

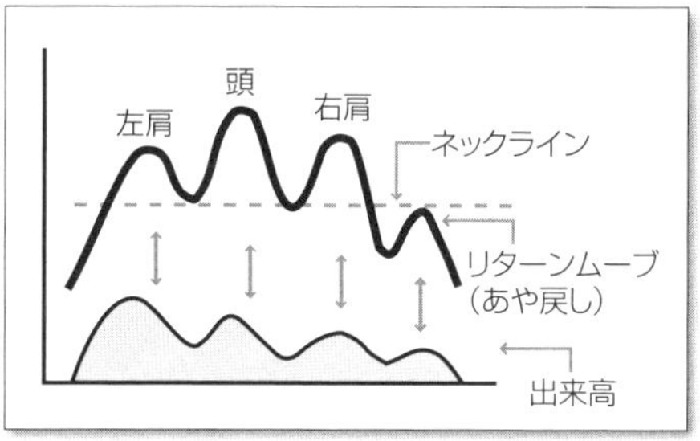

TO THE VICTORY
勝利の方程式

「3回の高値挑戦と2度の下押し」が、このタイプの特徴です。そして株価が「ネックライン」を下回ると下落基調になります

ツガミ（6101）

22 「ヘッド・アンド・ショルダーズ・ボトム」とは？

完璧理解で、買いのポイントはバッチリ！

前述したタイプの逆が、「ヘッド・アンド・ショルダーズ・ボトム」です。大底圏を知らせるシグナルになります。

これは下値を3回試しにいきますが、株価が底割れしないことがわかると、買い方の勢力が強くなり、反転上昇するタイプです。１回目と３回目の下値模索が「肩（ショルダー）」、２回目が「頭（ヘッド）」に相当します。

１回目の肩の部分では、出来高を伴って、投げ売りやカラ売りが増えてくることから、株価は下げの最終局面であることがわかります。

その後、３回目の底を試しにいくときにも価格によりますが、下げの局面は出来高が増えます。売りが終わると出来高が少なくても、株価は反発していきますので、３つの底のシグナルのあとの戻しが、買いのチャンスとなるのです。

このシグナルを見つけることができれば、安心して仕込みができますから、効率のよい株式運用が可能になるでしょう。

前項と同じく「ツガミ」のチャートを参考に、買いのタイミングをつかんでみてください。

これらから考えると、買いのタイミングは何度もあることになり、決して慌てる必要がないことに気がつくはずです。

投資の格言

先んずれば人を制す

先を読み、他人より先に物事を行えば成功する。シグナルをしっかりと読んだ人が勝ち組になる

「ネックライン」の突破時に出来高が急増！

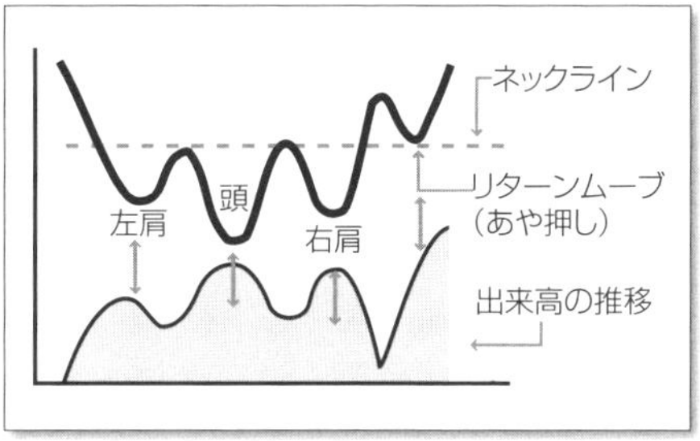

TO THE VICTORY
勝利の方程式

「3回の下値模索と2度の反発」が、このタイプの特徴です。そして株価が「ネックライン」を上回ると上昇基調に転じます

ツガミ（6101）

23 「ダブル・トップ」で天井を確認する

下落を始める前に、天井のサインを読もう！

「ヘッド・アンド・ショルダーズ」が３回の「山（トップ）」と２回の「底（ボトム）」だったのに対し、この「ダブル・トップ」は、２回のトップと１回のボトムを形作りながら天井圏を示すシグナルです。

日本でよく使われる「二点天井」（180ページ）と異なるのは、２回のトップの期間が長い点で、ときには、数カ月におよぶこともあります。

このタイプは、２回のトップがほぼ同水準に位置しますが、出来高は１回目・２回目のどちらが大きいかはまちまちです。

そしてボトムの株価が下値を表す「ネックライン」になり、トップを２回つけてから下落してくるときにネックラインを下回ると、出来高も減り始め、相場の基調が下落に転じたことがわかります。

ダブル・トップのときは、高値圏で買われた株が相当数残っていますから、上値はかなり重くなっています。つまり当分の間、先ほどの上値を抜くような本格的な上昇は見込めないと考えるべきです。ネックラインを下回ったのち、「リターンムーブ」というあや戻しがありますが、高値で買ってしまったときは、ここで手仕舞う必要があるでしょう。

投資の格言

節分天井・彼岸底

相場は、節分（２月３日ごろ）に天井をつけ、彼岸（３月21日ごろ）に底をつける。「節分から彼岸までは調整する場合が多い」という言い伝えのこと

株価が「ネックライン」を下回ると相場は下落

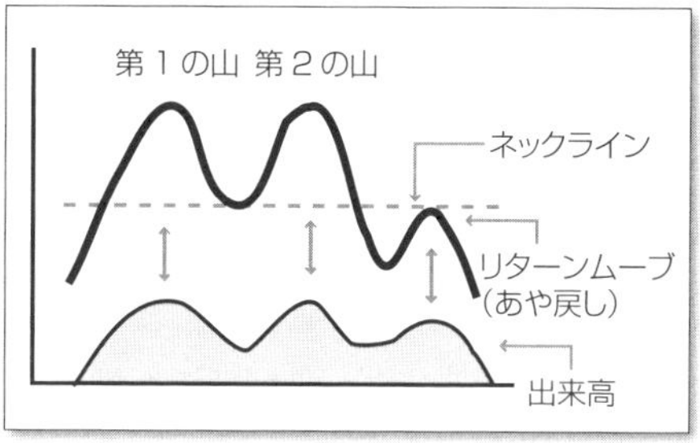

TO THE VICTORY
勝利の方程式

ほぼ同水準の2回のトップと１回のボトムで形作られるのが、このタイプの特徴です。「ネックライン」をこえると「売り」になります

三井住友トラスト・ホールディングス（8309）

24 「ダブル・ボトム」で底値を確認する

上昇のサインを見極めて、仕込みを開始！

「ダブル・ボトム」は、前項の「ダブル・トップ」とちょうど逆のラインを描いた底値圏を示すシグナルです。

株価が1回目のボトムを目指して下落していくときは、窓開けをしながら多くの陰線をつけ、出来高はやや増加します。

このとき株価は反発することはなく、買い方も自信を持つまでにはいたりません。もともと弱気相場が続いていたわけですから、売り優勢はくつがえせないのです。

しかし、2回目のボトムがきて、前回と同水準で反発すると、これ以上の下値はないと判断し、売り方は買い戻しにかかり、買い方は上昇への自信を取り戻します。

そして「ネックライン」を上抜いてくるところでは、出来高が多くなり、底値圏を脱出するのです。こうした一連の値動きで、相場が反転上昇したことが確認できます。

仕込みどころは、2回目の底値を確認し、上昇を始めたときでしょう。そうすれば、買ってからの値下がりをほとんど経験せずに、気分よく株価の値上がりを楽しめるはずです。

ネックラインをこえたあとで、一時的なあや押しがあるかもしれませんが、仕込んだ株価より安いところがあって、資金に余裕があるならば、買い増しするのも一考でしょう。

投資の格言

相場師の最大の敵は自分である

決断力のなさなど、自分の弱さで失敗する場合が多い。欲をかかないで素早く動くことも大切だ

株価が「ネックライン」を上回ると相場は上昇

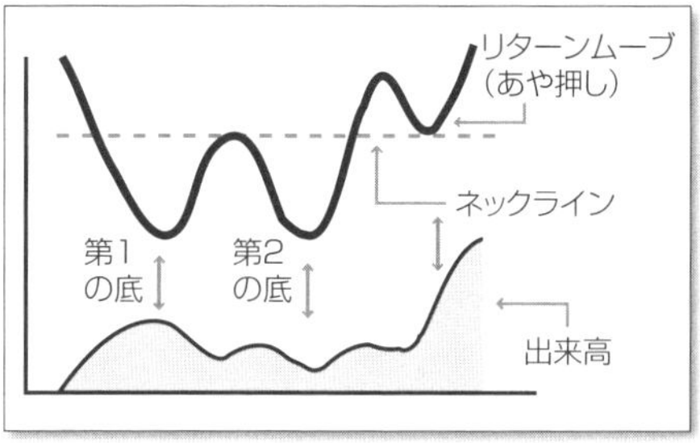

TO THE VICTORY
勝利の方程式

ほぼ同水準の２回のボトムと１回のトップで形作られるのが、このタイプの特徴です。「ネックライン」をこえると「買い」となります

三井住友トラスト・ホールディングス（8309）

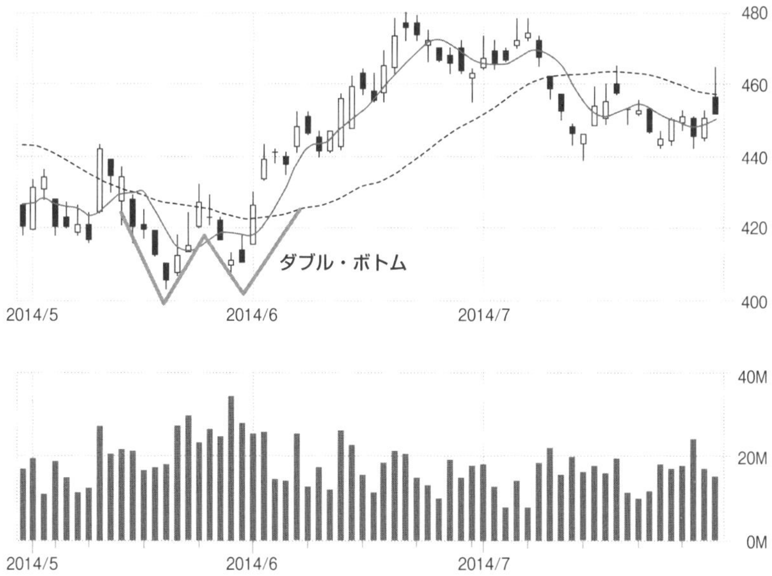

25 「逆V字型」を描く株価の天井圏で逃げ切る

欲をかかずに、利益確定をしよう！

「逆V字型」や、次項の「V字型」を描くような値動きをするのは、小型株や品薄の銘柄・信用取引ができない銘柄に多く見られます。ただ、大型株にもないわけではありません。

こうした銘柄は、「提灯《ちょうちん》買い（自分の確たる意思に従うのではなく、相場の動きに追随して売買すること）」が入ったりして、高値圏まで瞬く間に上昇することがあります。

ところが、上昇が止まると一転して「逃げるが勝ち」とばかりに、損を覚悟で見切りをつけ、売却する売り逃げや損切りが出て、驚くほどのスピードで下げるのが特徴的です。

そのため、天井圏から下落に転じたときのシグナルがわかるようにしておく必要があるでしょう。

また出来高もあまりアテになりません。なにしろ、昨日まで見向きもされていなかったのに、突然、数百万株レベルの商いに膨れ上がることもあります。出来高が減るときも、なんの前触れもありませんから、日足レベルでは参考にならないはずです。

したがって、いかなる状況であれ、陰線が続いたら、逃げなければ売り方の餌食になってしまいます。

「しばらくすれば戻すだろう」といった安易な考えは、決して持たないでください。

投資の格言

相場と柿は落ちる前がいちばんおいしい

柿は木から落ちる前がいちばんおいしい。相場においても天井近辺がよく見えるが、ちょっとした悪材料でも暴落する危険性がある

「逆V字型」を描いたら、逃げるが勝ち！

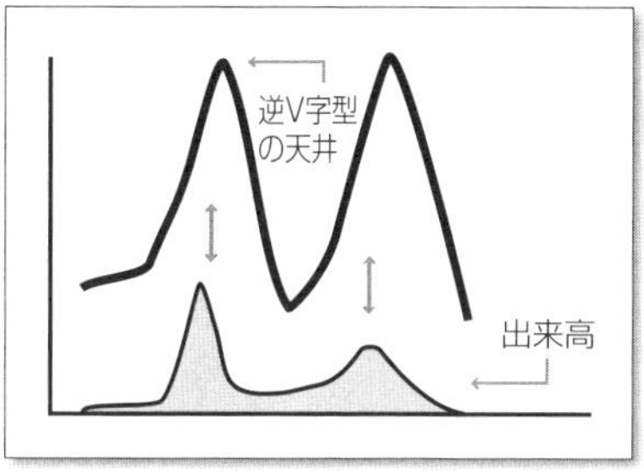

TO THE VICTORY
勝利の方程式

小型銘柄や浮動株の少ない銘柄・信用取引ができない一方通行の銘柄は、迅速な対応が求められます

新生銀行（8303）

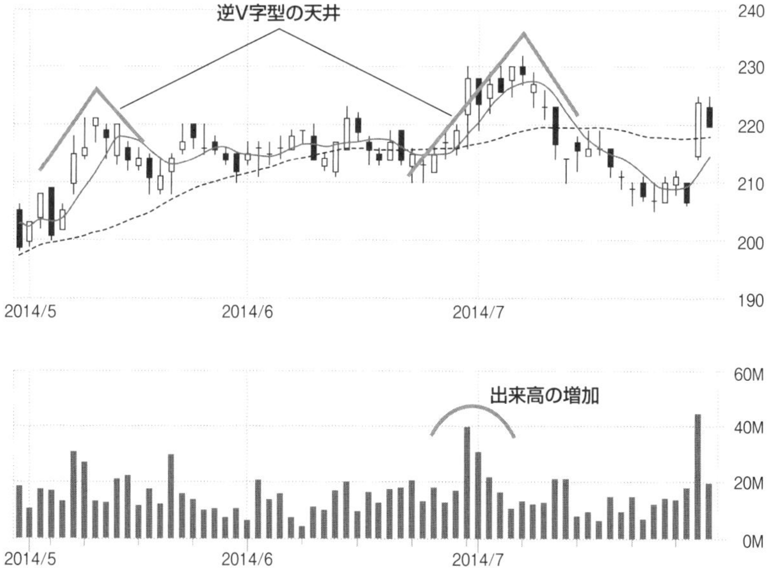

26 大底から「Ｖ字型」を描く軌道に上手に乗る

出来高の増減も判断に加えよう！

鋭い角度で下落してきた株価が、「Ｖ字型」の軌道を描いて反転上昇するときがあります。このようなときは、大底でもみ合いもせずに株価が急回復しますから、ピンポイントで底値をねらう必要があります。

参考チャートでもわかるように、株価がＶ字回復するようなときは、底値付近で出来高が増えます。そして株価が本格的な軌道に乗るまで、逆に出来高が減る傾向にあるのです。

したがって、このような動きをする銘柄に、どこでうまく乗るかがポイントになってきます。つまり恐怖と戦いながら出来高が急増した底値部分で動くか、それともあや押ししたところで動くか、いずれかを選択しなければなりません。

底値圏で動くときには、出来高増加による反転上昇を信じられれば買うことができるでしょう。ただ、あや押しの局面で動こうとすると株価はかなり上がっているにもかかわらず、出来高は減りつつあることが多く見られますので、再び底値をうかがうという恐怖と戦わなくてはなりません。

どちらも株価の下げに対する恐怖と向き合わなければならないのなら、出来高が増えているところで買うべきです。

投資の格言

相場に向かうべからず、機に乗るべし

相場には絶対に逆らってはいけない。時が来たならば、躊躇せず動く

V

出来高が急増する「大底」で決心する

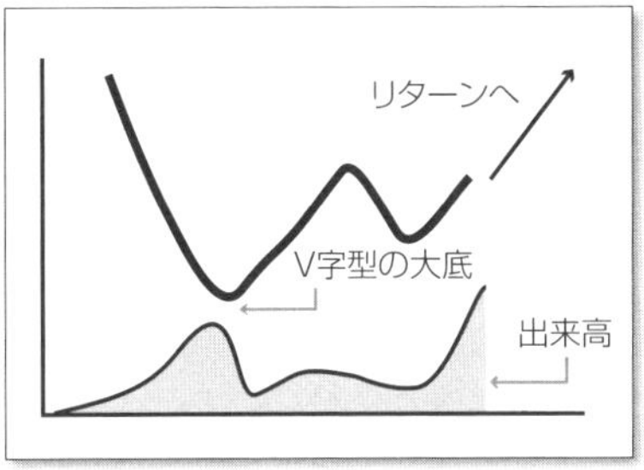

TO THE VICTORY
勝利の方程式

株価が「V 字型」を描くときは、大底で出来高が急増する傾向があります。その後は当分の間、出来高は低く推移するでしょう

三菱自動車（7211）

27 「ソーサー型」のトップを見分ける

下降トレンドに向かうのを、いち早く見つけよう！

「ソーサー型トップ」は、株価が高値をつけたあと、比較的長い間もみ合いを続け、次第に株価が下落していきます。

このタイプでは、高値圏でもみ合うとき、小さなローソク足がいくつも出ますが、上値を抜くエネルギーはありません。

この段階では売り方も強気に売れず、買い方も自信を持って買い進めることができないため、双方が様子見を始めて出来高も減少する傾向にあります。そうなると、市場参加者の間で「これ以上は上がらない」という見方が強まり、次第に売り方優勢になってきます。

その結果、利益確定の売りに押され、株価の下落基調が鮮明になるわけです。

ところで、ソーサー型トップでは、新しい相場に入る前に現れる「プラットフォーム（小休止）」を形成することがあります。このタイプのときの新しい相場とは、本格的な下落を意味します。

右ページの「東ソー」の参考チャートでも、ソーサー型のシグナルを形成していることがわかるでしょう。ただ、上昇基調の中のソーサー型では、再上昇する可能性も十分にあるので、注意が必要です。

投資の格言

今、急成長しているからといって、将来もその勢いが続くとは限らない

過去に急成長した会社の株よりも、今後成長していく可能性が高い会社の株を買うほうがよい。過去の実績は、株価にさほど反映しない

トップ型の注目点は「天井圏でのもみ合い」

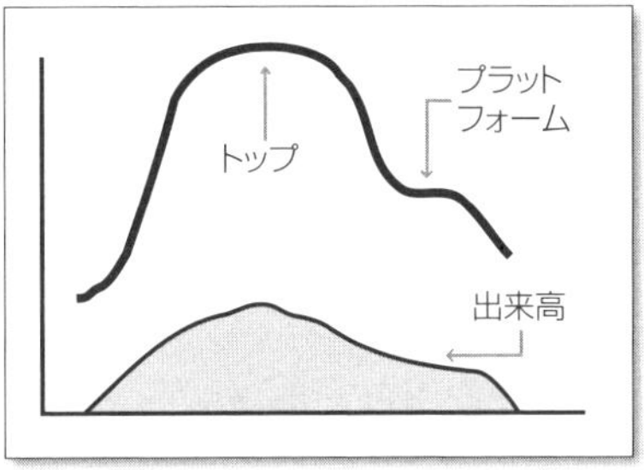

TO THE VICTORY
勝利の方程式

「ソーサー型トップ」は、高値圏で比較的長い間もみ合うのが特徴です。その後は出来高を減らしながら下落します

東ソー（4042）

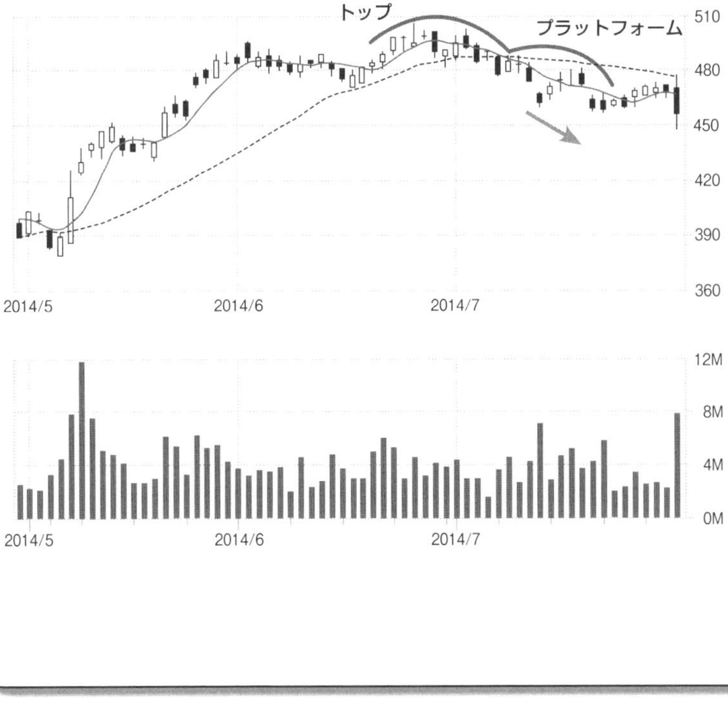

28 「ソーサー型」のボトムを見分ける

すばやく見つけて、人より先に買い仕込み

「ソーサー型」でも、今度は底値圏を形成する「ボトムタイプ」です。しかも底値圏の期間が比較的長く、鍋底のようになだらかに下がり、戻すときもなだらかに戻していくのが、このタイプの特徴です。

これまでに紹介した下落するタイプと同様、底値圏に達するときに出来高が増えてきますから、出来高と株価のバランスを見ながら参戦していくのが望ましいでしょう。

したがって、底値圏が長いことを利用して、少し下がれば買うということを繰り返せば、安い株価でたっぷり仕込むことができるはずです。

ただし、先ほども述べたように、反転上昇するときも緩やかなカーブを描いていきますから、状況を見極めながら売り時を探す必要があります。また反転して本格的に上昇していくときには、出来高は増加するのが一般的です。つまり出来高が増えている、もしくは高い水準で売買されているのなら、下押しはあまりないと判断していいでしょう。

ソーサー型のボトムタイプは、仕込みもゆっくりできますし、買ったあともじっくり様子を見ながら運用できます。利益確定の手堅い方法といえるでしょう。

投資の格言

石が流れて、木の葉が沈む

普通は木の葉が浮いて流れ、石が沈んでいるものだが…金融相場など、金余りの状態が加熱すると、普段はあまり値上がりしないような銘柄が活気づき、値上がりしてもよさそうな銘柄が放置される。相場に絶対はない

ボトム型の注目点は「底値圏でのもみ合い」

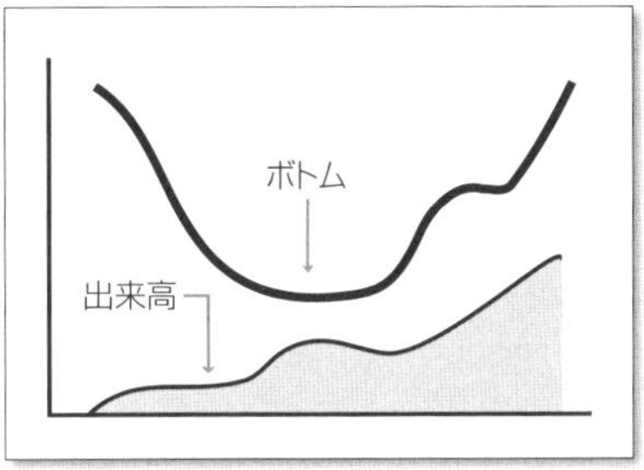

TO THE VICTORY
勝利の方程式

「ソーサー型ボトム」は、底値圏で比較的長い間もみ合うのが特徴です。その後は出来高を増やして反転上昇します

帝人（3401）

投資に役立つコラム

COLUMN

「目盛り」の取り方が錯覚を起こす

チャートを見ていると、値動きが「あまりない」ように見えるものと、「激しく動いている」ように見えるものがあります。

2つの参考チャートもその１例ですが、じつは値動きの幅からすると、ほとんど変わらないのです。

「奥村組」は株価変動が少ないので、目盛りは小さく取られています。

一方、「森永乳業」は変動が大きいので、その分、目盛りの幅が大きいです。

ところが、「森永乳業」の目盛りの取り方を「奥村組」のようにすれば、同じように値動きが「かなり激しい」ように見えるはずです。

グラフ化するときの目盛りの取り方で、まったく違ったチャートに見えることがあります。錯覚を起こさないよう、株価自体もしっかりと把握して、売買のポイントを検討したほうがいいでしょう。

「奥村組」のチャート

「森永乳業」のチャート

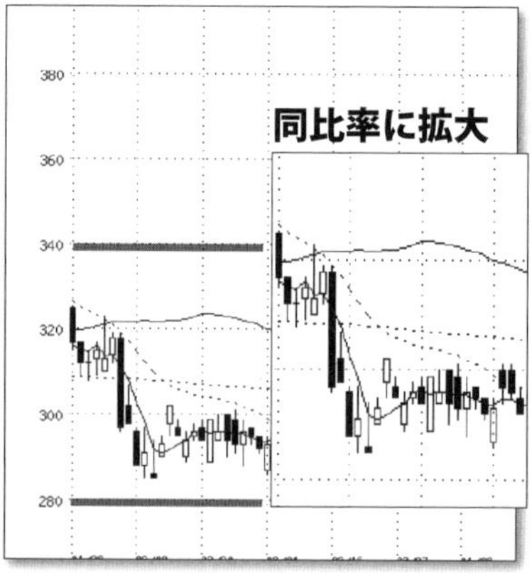

どちらも２本の線の間の値幅は60円。「森永乳業」のチャートを「奥村組」程度に拡大すると、同じような値動きをしているのがわかる

第３章

Chapter

チャートの「買い」パターンはこれだ！

第１章と第２章で覚えた「ローソク足」と、相場のパターンを駆使して、効果的な「買い」を実践しよう！ これらのパターンを覚えれば、必勝間違いなし!!

01 「３本の陽線」が底値で現れたら、買い！

陽線の強力なパワーに乗っかろう！

「株は買値が肝心」といわれるように、「買い（仕込み）」さえ間違えないで、かつ利益の高望みをしなければ、ほとんど成功したといってもいいでしょう。

そのくらい仕込みは大切です。それには、株価の底値を見極める方法を知らなければなりません。

ここでは、チャートのどこを見れば、底値圏を判断できるかについて説明しましょう。

右ページの「ＮＥＣ」のチャートは、290円前後でもみ合いを続けていましたが、「十字線」のあとに「３本の陽線」が立っています。そしてすかさず窓を開けながら上放れています。陽線３本、もしくは陰線３本が並行して同一方向に向かって立つことを「三兵《さんぺい》」といいます。

３本の陽線の場合は、大底を打って大幅な上昇の予兆を示す買いシグナルとされています。

このとき、三兵を確認してからは、理想的なじり高であり、５日移動平均線にきれいにサポートされていますから、安心して買うことができるチャートだといえるでしょう。

長い期間をかけて下げ続けてきたあとに、この三兵が現れれば、極めて高い確率で上昇するシグナルだと解釈してください。

キーワードは、３本の陽線です。

投資の格言

相場は踏み出し大事なり

相場に手を出すときは、タイミングが大事。天井圏で付和雷同で買いにいけば、損をする危険が高い。底で買えば、儲かる可能性が高い

安値圏の「三兵」は、大幅上昇の初期段階

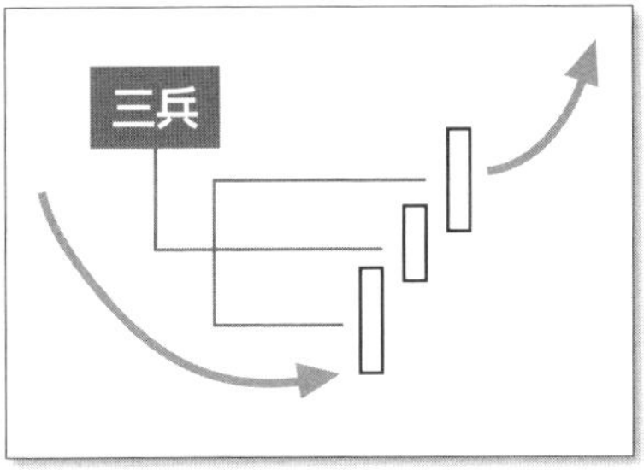

TO THE VICTORY
勝利の方程式

株価の下落途中で、もみ合いを続けたあとに、突然、「3 本の陽線」が出たら、底値圏からの明確な上昇シグナルとなります

NEC（6701）

02 高い確率で底値圏を暗示する「長い下ヒゲ陽線」

安心して買い行動に移れるサイン！

「長い下ヒゲ陽線はかなり強い」ということを、23ページで触れました。

このようなローソク足は、売り方の圧力に比べて、値ごろ感などから株価上昇に賛同する買い方の勢力が勝っていたということを表しています。これは売り方の勢いで株価が一時的に下落したにもかかわらず、買い勢力が活発なために押し戻されてしまうからです。

そして下ヒゲが長いほど、買い勢力が強いことを物語っているのです。

右ページの「東芝」の参考チャートは、長い間、下落を続けていましたが、下値もち合いをしながら下ヒゲ陽線をつけました。これは株価の下値限界を示しています。

その後、上昇に転じ、ゴールデンクロスをつけて490円近辺まで駆け上がっています。長い下ヒゲの陽線が、株価反転のシグナルになりやすいことを示しているのです。

類似のチャートがたくさんありますので、それらを参考にして、このシグナルを確実に覚えてください。底値圏では、高い確率で発生するのも、長い下ヒゲ陽線の特徴です。

投資の格言

天井・底を考えて売買すべし

株価が天井なのか、底なのかを考えて売買しなければならない。天井圏で株を買うと、あとは下がるだけで、底値圏で株を売ると、その後の上昇の利益を逸する

安値圏での「長い下ヒゲ陽線」は、信頼度アップ

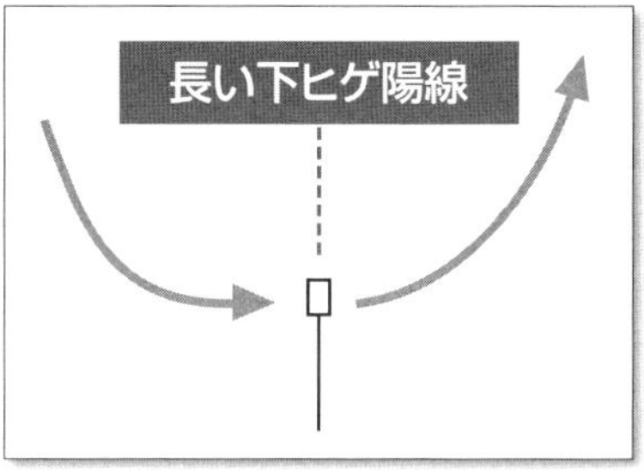

TO THE VICTORY
勝利の方程式

安値圏で「長い下ヒゲ陽線」が現れれば、買いシグナルと判断できます。また下ヒゲが長いほど信頼度はアップします

東芝（6502）

03 「逆襲の陽線」が底値圏で現れたら、買い！

株価の反転の大きなチャンス！

株価が反転上昇するときのシグナルには、さまざまなタイプがあります。

ここでは、「逆襲の陽線」について説明しましょう。

これは前日（前週）の終値に比べて安く（マイナスで）始まった株価が、その日（前週）の大引では始値より高く終了して陽線をつけることです。

値下がりの不安感から一転して、買いに安心感が出ることから、逆襲の陽線といわれています。

これが底値圏で現れるということは、これ以上の下値には買い注文が多いことを意味し、下値不安は乏しくなります。

したがって、逆襲の陽線が出現すれば、買いの安心感が台頭し、株価が反転する可能性が高まることになるのです。

右ページの参考チャートでも確認しておきましょう。

ゴールデンクロスを示した株価は、一時的に押し目を形成して陰線が出ますが、すかさず陽線が出て上昇し始めます。

これが逆襲の陽線で、重要な買いシグナルです。

逆襲の陽線は、値幅取りの好機ともいえますから、ぜひとも、買いの準備に入ってください。これを見逃す手はありません。

投資の格言

朝の来ない夜はない

希望を失ってはいけない。総悲観のときこそチャンスが近いことを知っておこう。その兆候を見逃すな

「逆襲の陽線」では「買い」の安心感が台頭する

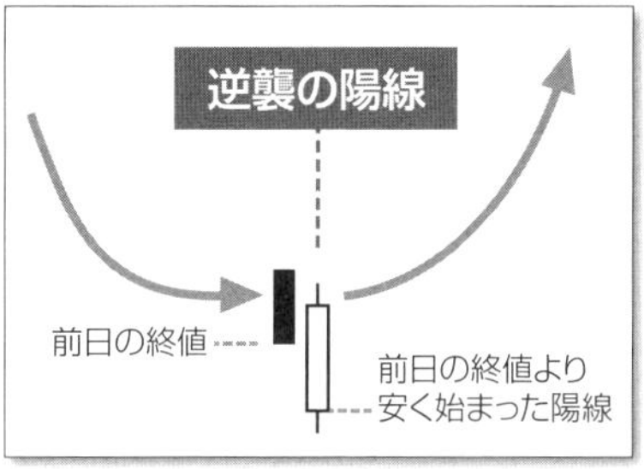

TO THE VICTORY
勝利の方程式

底値圏で前日の終値よりも安く始まっても陽線で終了すれば、「逆襲の陽線」といって、買いシグナルと考えられます

鹿島（1812）

04 安値圏での「はらみ線」は上昇の前兆

大陰線のあとにある絶好の買いポイント

株価が下落して安値圏に近づいてくると、長い陰線が現れることがあります。そしてその次に出現するローソク足が、前につけた陰線の上下幅におさまっているとき、そのローソク足を「はらみ線」といっています。こうしたローソク足の配列から、売り方と買い方のせめぎ合いが見てとれるのです。はらみ線の前につけた長いローソク足を「お腹に子どもをはらんでいる母体」、次のはらみ線を「これから生まれる子ども」にたとえることもありますが、さしずめ、これから新しい相場が生まれる前兆と考えればわかりやすいでしょう。

このはらみ線が陽線ではなく、「十字線（寄引同事線）」でも同様の兆候が見られます。参考チャートでも、長い陰線とはらみ線が出現して、株価は上昇トレンドに転換しています。

右ページのチャートでは、2300円近辺から株価が下落を始め、5日移動平均線が下降トレンドに入ります。大切なのは、下げ止まり、仕込み買いのタイミングを見極めることです。

この銘柄では、下落基調にあった株価が2100円前後で、大きな陰線が小さな陽線をはらみます。これをきっかけに、買いシグナルの1つである「明けの明星」を表した途端、株価は反転して右肩上がりになっています。

ここで仕込むならば、その後の上昇トレンドで株価の含み益の恩恵に浴することができるでしょう。

投資の格言

思いつき商いケガのもと

ちょっとしたニュースや噂などを聞いて、思いつきで売買をするのはよくない。すでに株価に織り込み済みである場合が多い

「陽のはらみ線」で、新しい相場の誕生が近い！

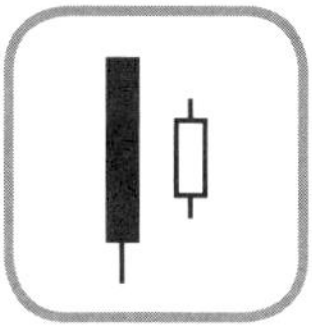

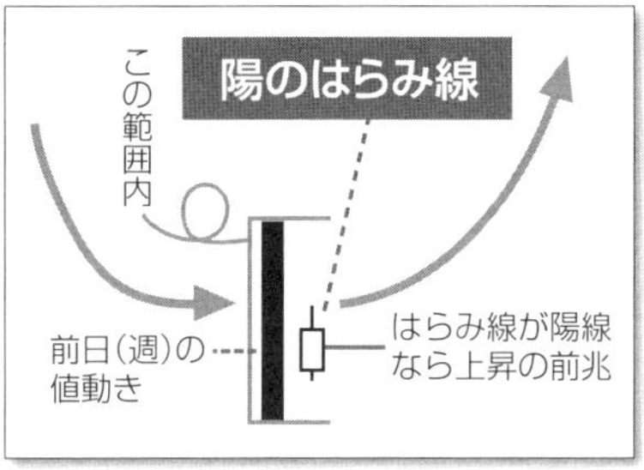

TO THE VICTORY
勝利の方程式

前日の値動きが、その日の値動きを包み込むようになっていれば、相場の流れが変わる前兆と判断します

マツダ（7261）

05 下落相場での「十字線」は相場の転換点

下がり続けたあとの上昇サインか？

株価が下落していると、さまざまなタイプの陰線が随所に現れます。ところが、あまり下げ続けると「まだ下がるのかな？」「下げすぎではないか？」…と売り方に手づまり感が台頭してきます。

一方、買い方は「値ごろ感が出てきたな」「もう反発してもいいのでは？」…と疑いながらも打診買いを入れ始めます。

このような強弱感が株価に反映されて、「十字線」が現れるのです。いわゆる「捨て子線」といわれるものです。

24ページでは、寄引同事線は「相場の転換点を暗示している」と説明しました。それを証明するように、参考チャートでも、十字線をつけると、株価は上昇しています。

移動平均線が下降中に出た十字線ですが、このシグナルのあとで株価が上昇し続ければ、ゴールデンクロスとなり、結果的に上げへの転換点となっています。

右ページの参考チャートでは、127円近辺で3つの十字線をつけて下値を確認し、その後、株価は25日移動平均線を上回りながら、右肩上がりの理想的な上昇相場となっているのがわかるでしょう。

投資の格言

買いたいと心がはやり立つときは2日待つべし

「どうしても買いたい」と心がはやるときは、2日ほど待つほうがよい。2日経ち、まだ買いたければ買うとよい。慌てるのはよくない

底値圏での「捨て子線」は、反発への期待だ

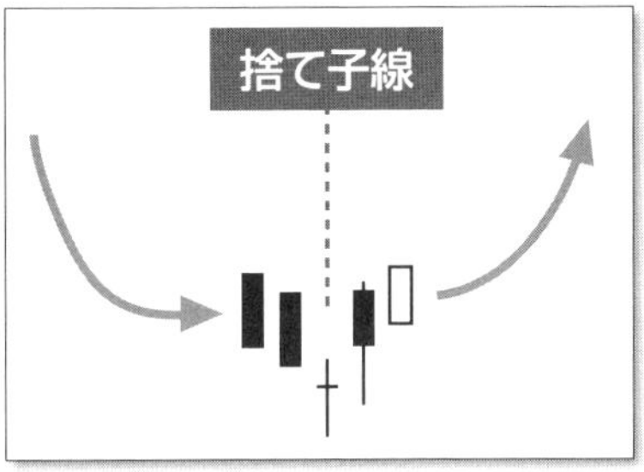

TO THE VICTORY
勝利の方程式

下落相場の底値圏で、上下に長いヒゲを伸ばした「十字（またはそれに近い）線」が現れたら、相場は陽転する可能性が高いでしょう

昭和電工（4004）

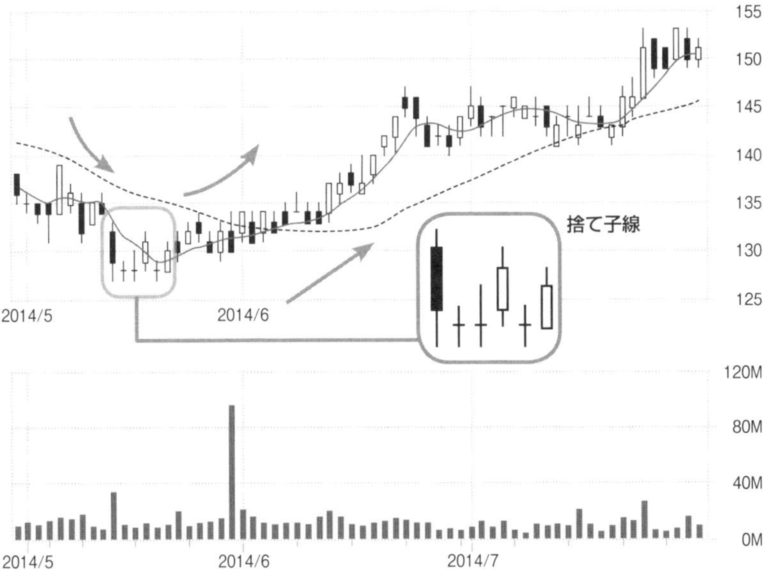

06 安値圏での遊離した「コマ」は「明けの明星」で、買い！

安値圏で夜明けを見つけるポイントはこれ

株価が長期間にわたって下落し続け、安値圏に到達したときに、陽の極線、いわゆる「コマ」が現れると、相場は強気の展開に入ったと考えてください。

とくに長めの陰線のあとにポツンと現れたコマ（これを「明けの明星」といいます）は、これからの相場が明るくなることを暗示しています。このようなローソク足の配列になるのは、弱気筋が大きく下げた余勢をかって、さらに売り込みをかけたにもかかわらず、買い方の思わぬ抵抗にあって株価が押し戻されたからです。

そして小さな陽線が跳ね返るようにして出現したら、買い勢力の強さが確認できますから、下値の限界点に達したと考えられるのです。しかも次に現れるローソク足が長めの陽線なら、上昇トレンドに転換したと判断していいでしょう。

参考チャートでも、株価が長期間にわたって下げてきて、保ち合いとなり、底値の670円近辺でコマが出現。その後は大幅高となり740円超の値をつけています。

相場が最も暗いときに、小さく輝く「明けの明星」を見つけたら、相場の転換点が近づいていると考え、ぜひとも、次の一手を考えましょう。

投資の格言

買いにくい相場は高い。買いやすい相場は安い

買いにくい相場のときは、株価が高くなるだけの好材料があり、どんどん買いにくくなる。儲けるには勇気が必要だ

「明けの明星」を見つけたら、夜明けは間近

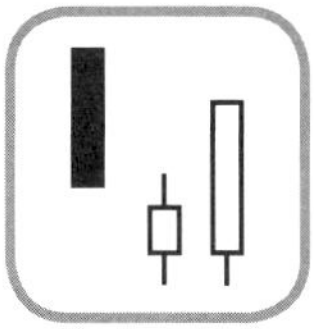

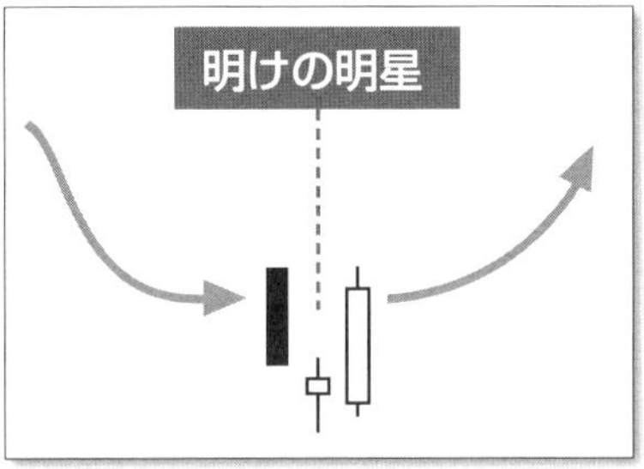

TO THE VICTORY
勝利の方程式

下落相場が長く続いたあと、安値圏で「コマ（明けの明星）」が現れたら、「夜明けが近い」と考えて態勢を整えてください

丸紅（8002）

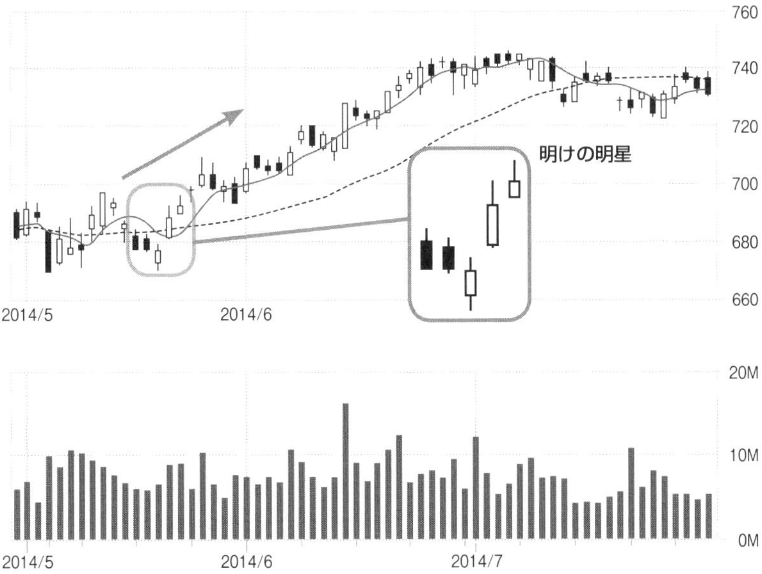

07 陰線を包み込んだ陽線は「強力な買い方」の登場

上昇の兆しに同乗しよう！

株価が下落してきて、底値圏に到達したときのシグナルに、「つつみ線」があります。

たとえば、前日に立った陰線を包み込むような陽線が現れることがあります。これは今までの売り勢力を一掃するような強力な買い方が出現したことを意味しています。

ちなみに、強力な買い方といっても、ある特定の投資家を指しているわけではありません。

参考チャートでも、こうしたローソク足の組み合わせが見られます。このときは、直近の高値5000円から4000円近辺まで、わずか１週間で下げてきました。それまでの調整の下げが終わり、反転上昇へとトレンドが変わっています。

もし、つつみ線が出た段階でも反転上昇に自信が持てなければ、「グランビルの法則」と合わせて考えてみましょう。

株価が移動平均線に向かって下げてきましたが、下回ることなく反発していますので、典型的な上げのシグナルになっています。

投資の格言 買うのと買わされるのとは別物である

株は買わされてはいけない。自分で考えて買わなければならない。そうしないと儲けられない

「陽のつつみ線」は、「強力な買い方」が出現した証

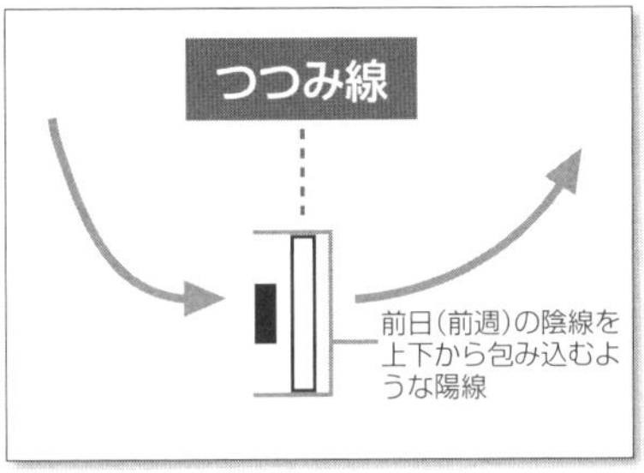

TO THE VICTORY
勝利の方程式

安値圏で前日の陰線を上下から包み込むような「つつみ線」が出ると、「強力な買い方」の登場を示し、反転のチャンスです

コロプラ(3668)

08 「大陰線」が３本続けば急反発の可能性が高い

おいしいポイントで買える！

株価がなだらかに下落（または上昇）するときは、長期間にわたることが多く、逆に突然、急落（もしくは急騰）するときは、短期間で反騰（もしくは反落）局面を迎えることがあります。

たとえば、なんらかの悪材料が突発的に流れて狼狽《ろうばい》売りがかさんだために、大陰線が連続して大幅に下落するケースです。

チャートを見ながら解説していく分には冷静になれますが、実際に直近の高値圏で買っていたら、とても耐えられるものではないでしょう。

このようなときは、なにが原因で大幅に下げたのかを確認しなければなりません。致命的な不祥事、極端な赤字決算や債務超過であれば、株価の回復はあまり期待できないでしょう。そうではないのであれば、このような下げのあとは、意外と早く相場が立ちなおることもあります。

とくに「３本の大陰線」が出現すると、その後の回復は早いことが多く、最後の陰線に長い下ヒゲが伸びていれば、反騰の可能性は高まるでしょう。さらに次につけるローソク足が陽線なら、買いと考えるべきです。

投資の格言

株価はつねに将来性の反映である

株価は、将来の業績により決まる。それも今期か来期の業績に反応して決まる。過去は反映しない

連続した大陰線は、意外と回復が早い

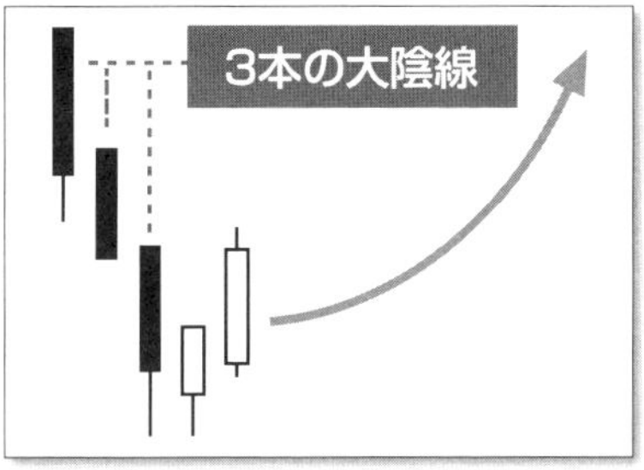

TO THE VICTORY
勝利の方程式

突然の急落に見舞われても、大陰線が３本立てば、急反騰の可能性があります。不安なときは、下ヒゲ陽線を確認してからです

日立製作所（6501）

09 窓開けしながら「4本の陰線」が出たら、買い！

さすがにここまで下げ続けると…

株価は倒産でもしない限り、際限なく下げ続けることはありません。債務超過や粉飾決算が明るみに出たときでさえ、株価は反発することがあります。かなり致命的な悪材料はさておいて、暴落したり、パニック売りが殺到した直後は、案外、買いのチャンスが多いものです。

とりわけ、窓（隣り合ったローソク足の間に空間ができること）を開けながら、4本の陰線（4本目は陽線でもかまわない）が連続して急落したあとは、反発の可能性が極めて高いといえるでしょう。窓のことは「空《くう》」ともいいますが、株式市場では、こうした株価の動きのときは「三空叩き込みは買い向かえ」といって、買いの好機とされています。

なぜ、反発が起こるのか。その理由に触れておきましょう。

大幅な下げに見舞われると、買い方は投げ、売り方は容赦なくカラ売りを仕掛けますから、売りにいっそう拍車がかかります。これが窓を開けるほどの勢いになるわけです。

しかし、あまりに下げすぎるとマイナス乖離が著しくなり、今度は自律反発ねらいの買いと、カラ売りの買い戻しで、株価は大きく戻すのです。ただし、買いの好機とはいえ、その後の値動きは荒くなりますから、深追いは避けてください。

投資の格言

株式投資は商人の心で行うべし

株式投資は、商人が商品を売るのと同じだ。安く仕込んで、高く売るのが儲けるコツで、これが基本だ

「三空叩き込みは買い向かえ」だ！

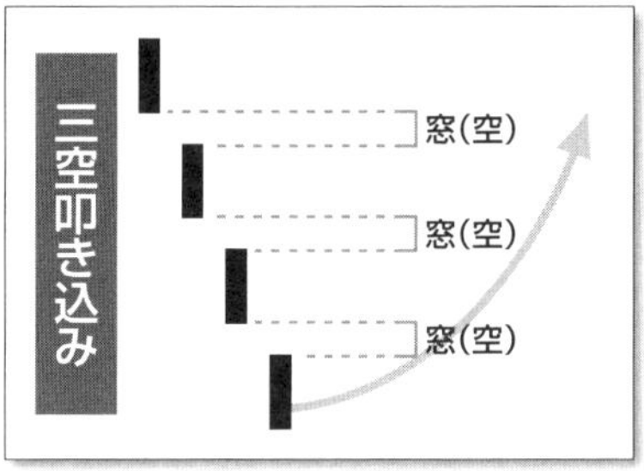

TO THE VICTORY
勝利の方程式

窓を開けながら４本の陰線（４本目は陽線でもかまわない）が連続して急落したときが、「買い」のシグナルです

ヤマハ発動機（7272）

10 上昇途中で「差し込み線」が現れたら、買い！

押し目買いのチャンス！

株価が上昇しているところに押し目があれば、買いのチャンスであることが多いのですが、その押し目がどの程度の下げなのかを判断しなければなりません。

たとえば、相場が上昇過程にあるとき、陽線で終わった前日（前週）の終値より上放れて寄り付いたものの、結局は陰線で終ったときは、その後の相場はあまり深押しせず、上昇を続けることが多いとされています。つまりこの陰線で買い方の目先筋がふるい落とされて値が軽くなるために、引き続いて上昇することができるのです。このような形で現れた陰線のことを「差し込み線」といっています。

右ページの参考チャートをご覧ください。

株価は280円近辺から上昇を開始して、間もなく差し込み線をつけているのがわかるはずです。また押し目らしい押し目もなく、ますます騰勢は強まっています。

差し込み線が出たあとも上昇を続けるのは、買い方の目先筋がふるい落とされた証拠であり、株価がアッという間に上昇するケースが多いのです。

したがって、買いシグナルだけは見逃さないように心がけてください。

投資の格言

株式投資は美人投票だ

自分以外の他人がよいと考えるであろう銘柄に投資しなければならない。独りよがりの投資尺度で株を買っても儲からない

上昇相場の「差し込み線」は、値が軽くなる

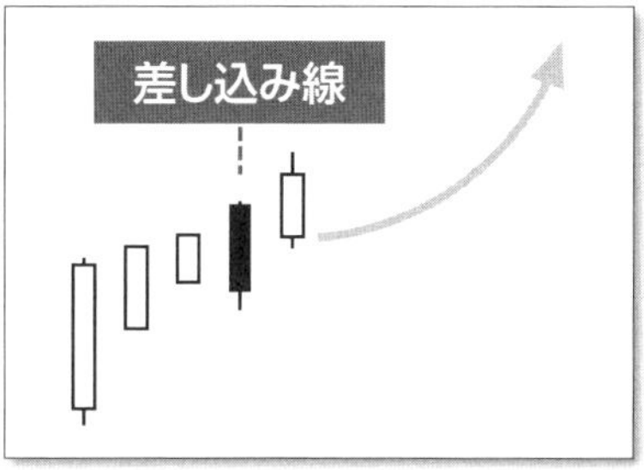

TO THE VICTORY
勝利の方程式

上昇過程で「差し込み線」が現れると、買い方の目先筋がふるい落とされるため、値が軽くなり、いっそうの上昇が期待できます

日本郵船（9101）

11 連続下げのあとの「三つ星」は大底のシグナル

少し勇気がいる買いのポイント

小さなローソク足が３本並ぶことを「三《み》つ星」といいますが、数多くの陰線が断続的に並んで急落するような相場の安値圏で三つ星が現れれば、大底のシグナルと判断できるのです。

参考チャートを見ながら具体的に説明していきましょう。

「シャープ」の株価は、わずかの期間で290円近辺から260円近辺まで、陰線を連ねて鋭角に下落したために、株価は移動平均線を割り込みました。

ところが、この安値圏で３本の小さなローソク足がいずれも前の陰線付近に踏みとどまっているため、ここが当面の底値だということがわかるはずです。

その後は三つ星が現れたポイントを大底に、下値を切り上げながら急激な上昇トレンドを描いています。

しかし、「大底を示す三つ星」が現れたといっても、長い陰線が出現すれば、なかなか買う勇気はわかないかもしれません。「株は恐怖の代償」という言葉でも表されるように、「三つ星のあと、また下がるかもしれない」という恐怖心に打ち勝つことができれば、株価が倍化するような相場でひと儲けすることも夢ではないのです。

投資の格言

機会は誰にでもやってくる。それをつかめるのはひと握り

チャンスは誰にでも訪れるが、それをつかめる人はわずかである。時が来たら素早く動け

連続下げ放れの「三つ星」は、買い出動の好機！

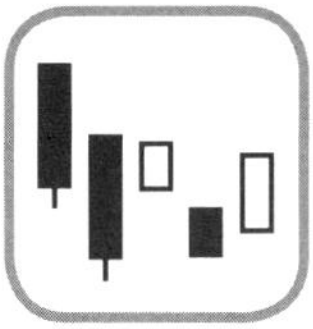

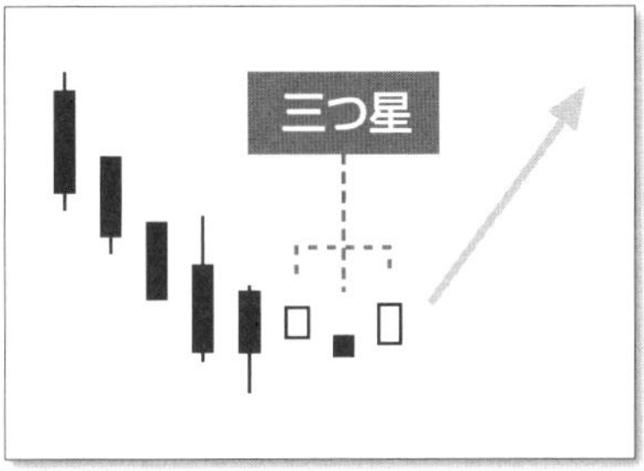

TO THE VICTORY
勝利の方程式

数多くの陰線をつけて株価が下げたあとに、小陽線や小陰線が３本並ぶと、大底のシグナルと確認できます

シャープ（6753）

12 上昇途中の踊り場に「三つ星」が出現したら好機

そろそろ動き出したい心理状態の現れか？

株価が上昇するときの様子をよく観察してみると、最初は緩やかに上げ、その後は踊り場でしばらくの間は調整し、そして本格的な上昇をするというパターンが多いようです。

この踊り場を形成するときに、小陽線や小陰線が３本並ぶ「三つ星」が出現する場合もあります。

株価が上昇する途中で三つ星が現れれば、さらに跳ね上がる可能性が極めて高いといえるでしょう。星が２つや４つのときもありますが、これらが出現したときの株価の動きは、基本的に三つ星に準ずると考えてください。

さて、右ページの「大成建設」の参考チャートはどうなっているでしょうか。

上昇基調になった株価が460円前後でもみ合っていましたが、大きな陽線が出現して長期移動平均線を下から上に突き抜けました。この直後に三つ星が登場して、株価は540円超の高値まで、一気に上昇しています。

上昇途中の踊り場で三つ星が出現したら、買いシグナルと考えて、ぜひとも、チャンスをものにしてください。

投資の格言 **鹿を追う者は山を見ず**

特定の銘柄ばかりを見ていると、相場全体の流れを見失う。客観的な眼を養うことも必要だ

中段の「三つ星」は、株価が上昇する前兆だ！

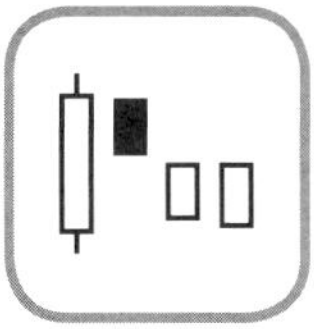

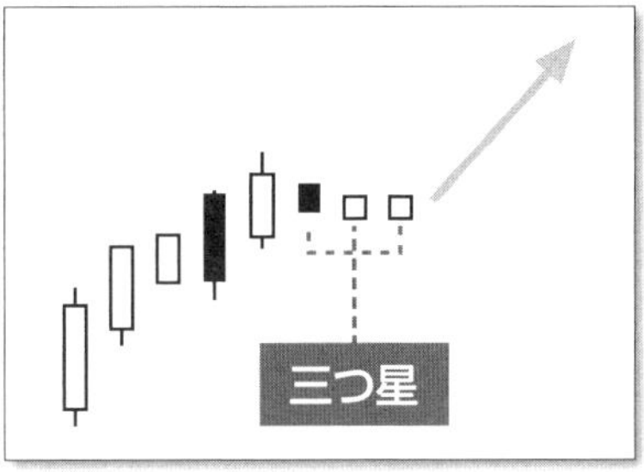

TO THE VICTORY
勝利の方程式

上昇トレンドにある株価がひと息入れているときに、小陰線や小陽線が３本並ぶと、次なる上昇へのシグナルです

大成建設（1801）

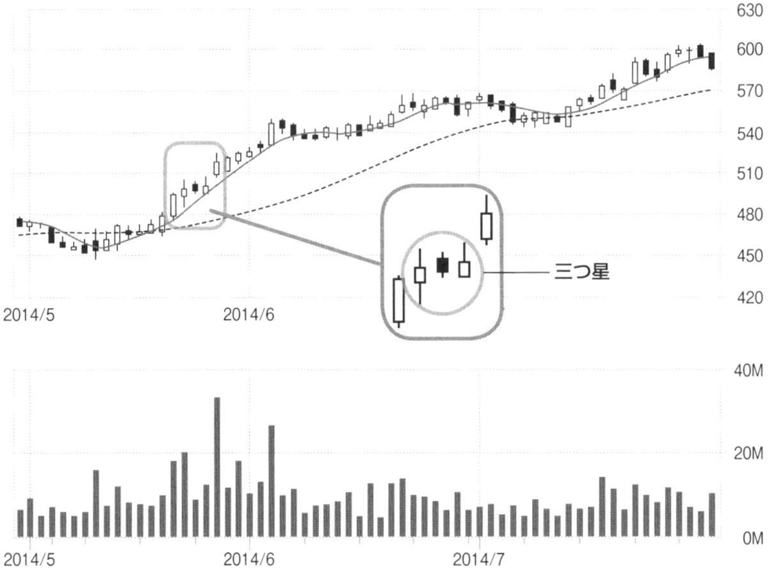

13 上昇途中の窓埋めは「追撃買い」のチャンス！

窓を開けたら、行動に移ろう！

株価が出来高を伴って本格的な上昇を始めると、窓を開けて陽線をつけることがあります。これは上昇するエネルギーが非常に強いことを表しているのです。

株価が窓開けするほどの勢いで上昇すると、必ずといっていいほど、強烈な上昇に疑問を持つ投資家が出てきて、カラ売りや利益確定の売りが膨らみます。

したがって、株価は一時的に下落し、先ほど開いた窓を埋めることになるのです。

しかし、これは相場が終わってしまったのではなく、相場の地固めをしていると考えるべきです。

一般的に、窓開けしたあとに、その「窓」を埋めないで上昇していくと、相場は短命に終わり、窓埋めしたほうが相場の息は長いとされています。

右ページの「富士通」の参考チャートでは、600円近辺を底値に反騰して、800円近辺まで上昇しています。この上昇過程で窓を開けましたが、株価は窓埋めに動いたため、さらに上昇傾向を強めたのです。

このように窓を開けたときは、窓埋めする株価を予測して、待ち伏せしておくと投資効率は上がるでしょう。

投資の格言

最後に笑う者が、最もよく笑う

最後に笑う者が、いちばん大きな利益を上げる。最終的に勝てばよい。それはチャンスをものにする人だ

中段の窓埋めは、本格上昇への第一歩

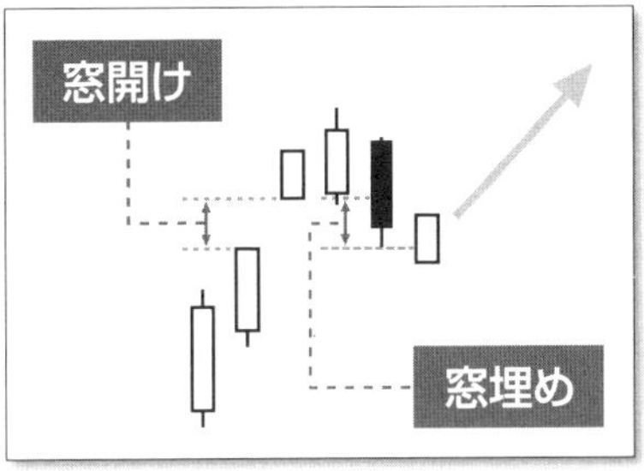

TO THE VICTORY
勝利の方程式

中段で窓を開けたあとに、一時的に下げて窓を埋めると、株価はいっそう上昇しやすくなります

富士通（6702）

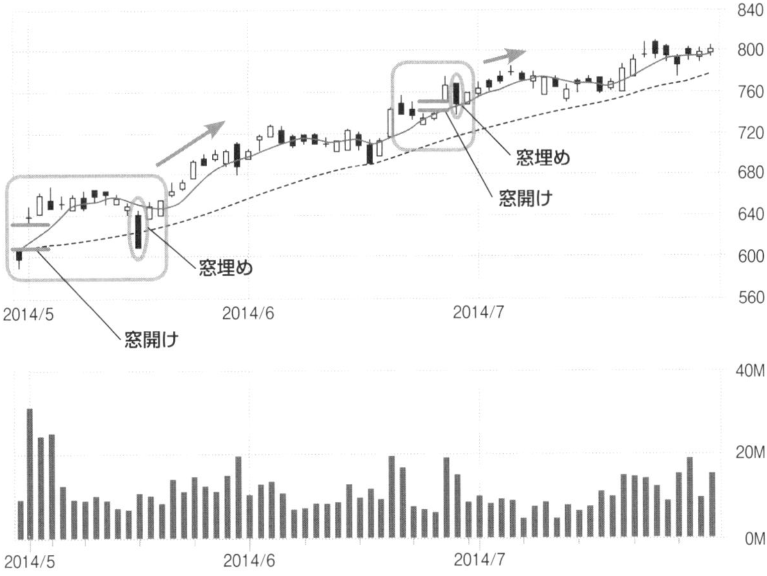

14 中段での「陽の並び線」出現で株価の上昇余地は大きくなる

もみ合いから上昇に転じるパターン

株価が安値圏から上昇し始めてしばらくすると、10日前後のもみ合い状態が続いて、踊り場が形成されることがあります。このときに、同じような長さの陽線が並ぶ（これを「陽の並び線」といいます）と、株価はもみ合いから放れて、強烈に上昇する可能性が非常に高くなります。

こうした株価の動きになるのは、「綱引き」にたとえればわかりやすいでしょう。

綱引きが始まると、綱が左右から引っ張られて中心線がいきしします。しばらくすると、どちらかの力が少しだけ勝り始めて、一方に少しずつ引きずられる格好になります。

そしてついには劣勢に立たされていた側の力は一気に衰え、優勢だったほうに倒れ込むように引っ張られて、勝敗が決します。つまりただでさえ上昇圧力が強かったわけですから、これまで株価を下げようとしていた売り方が買い戻しすれば、相場は踏み上げ状態になり、株価は強烈に上昇するのです。

右ページの参考チャートでも、その動きが明確に出ているのがわかるでしょう。もみ合いのあとの大陽線が、上げに弾みをつけています。

投資の格言

三割高下に向かえ

安値から３割値上がりしたら「利食い」、高値から３割下がれば「買い」というのが、１つの目安である

もみ合い後の「陽の並び線」は、買い方に軍配

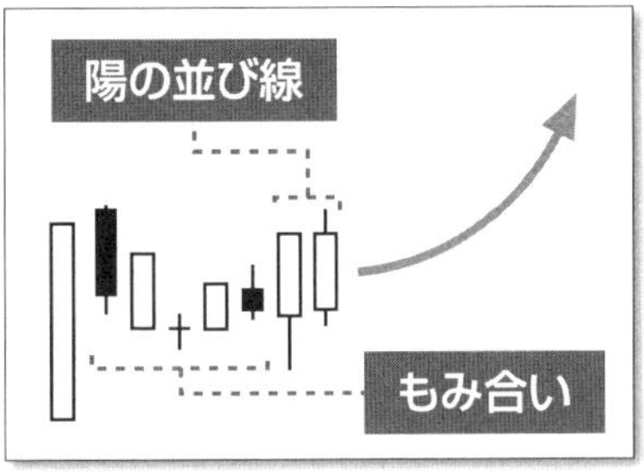

TO THE VICTORY
勝利の方程式

株価が中段でもみ合っていて、ほぼ同じ高さの陽線が並び、その翌日に大きく寄り付くと、株価の上昇余地は極めて高くなります

東急建設（1720）

15 株価が上昇する過程で「たすき」が出現すれば、買い！

さまざまな指標を総合して判断しよう

２本のローソク足の組み合わせを分析することで、今後の株価の動向を予測することができます。

まずは、「たすき」です。株価が上昇しているところに陽線が立ち、翌日（翌週）には前につけた陽線の安値より低い株価で終了し、しかもそのローソク足が陰線なら、その後の株価は陰線の逆向かい、つまり上昇を予測できるというものです。

右ページの参考チャートで確認してみましょう。

「クボタ」では、株価上昇中に押し目を形成し、そこでたすきが見られました。これが出たあとは、上昇トレンドの勢いがさらに増して、株価が上がっていることがわかります。

前述したとおり、この陰線の終値は、前日の安値より低いところに位置していますから、２本のローソク足がたすきになるわけです。

株価はその後、再度、高値をつけています。

あまり見られない形といわれていますが、もし見つけたら買い出動の準備をしておきましょう。もちろん、株価に絶対はありませんから、「トレンドライン」の方向など、他のテクニカルも必ず確認してください。

投資の格言

小利大損

小さな利益を追い求めるあまり、大きな損をすることがある。１円でも安く株を買おうと指値注文をしたが、結局買えなかったりとか、１円でも高く売ろうとして売りそびれたりとかである

「たすき線」のあとは、逆向かいがオススメ

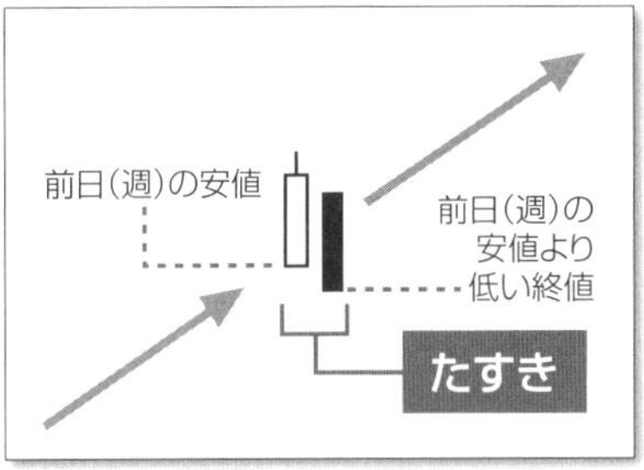

TO THE VICTORY
勝利の方程式

株価の上昇中に陽線をつけ、その翌日が前日の安値より低い終値の陰線が立つと、さらに上昇するとされています

クボタ（6326）

16 上昇途中の「コマ」や「同事線」は再上昇のシグナル

小さくても相場転換の大きなサイン

ここでは、「コマ」や「寄引同事線」と陽線の関係から、株価の上昇パターンを見てみましょう。

まず、右ページの「川崎重工業」の参考チャートをご覧ください。

350円近辺で長い下ヒゲをつけて大底を打ち、その後は上昇に転じています。ゴールデンクロスをつけたあとに小休止で寄引同事線が出ているのがわかるでしょう。

株価が上昇過程にあって、陽線とコマの配列のローソク足が出現すると、高い確率で再上昇すると考えられています。

コマは寄引同事線にとってかわることもありますが、どちらも値動きに連動して出来高が伴ってくると、株価は暴騰する可能性が高いのです。

ただし、いくら再上昇に入ったからといっても、大きな窓を開けてからの参戦は避けるべきでしょう。できれば、窓を開ける前に仕込んでおきたいものです。

投資の格言

資力相応に仕掛くべし

株式投資は、余剰資金で行わなければならない。借金をしてまで投資をするのは愚の骨頂。それでうまくいく人は、まずいない

上昇途中の「同事線」や「コマ」は、急騰が期待できる！

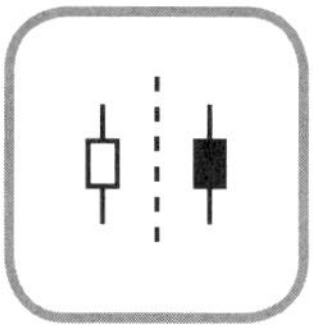

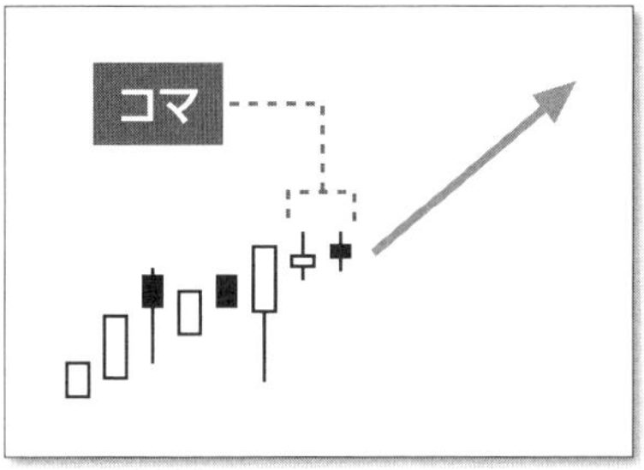

TO THE VICTORY
勝利の方程式

株価が上昇トレンドに入ってから、陽線に続いて「コマ」や「寄引同事線」が現れると、さらなる上昇が期待できます

川崎重工業（7012）

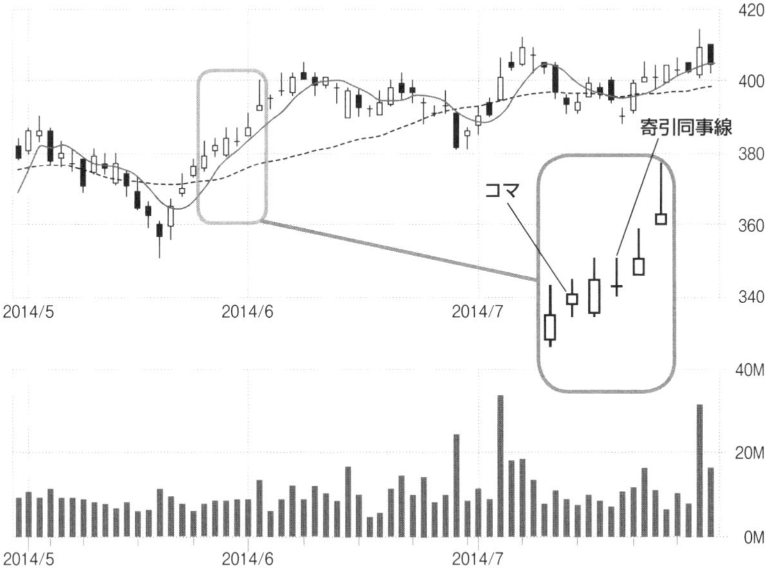

17 「かぶせ」を上抜いてくれば買いのチャンス！

こんなところにもチャンスは眠っている

株価が短い期間にある程度の値幅で上昇すると、下にいかせようとする売り方の力が強く働きます。とくに大陽線をつけて、翌日は高めに寄り付いたものの、下げに転じて陰線をつけることがしばしばあります。

これを「かぶせ」といいます。

本来、前日の陽線の半分より下に大きく食い込めば、売りのシグナルと考えるのが一般的です。

しかし、右図のように数本の陰線をつけても、その一番高い部分（３本の陰線のうち、１本目の陰線の始値）を抜いてくるような陽線をつければ、売りがかぶさっても跳ねのけるほどの勢いがあるため、一転して買いのシグナルになります。

参考チャートをご覧ください。

上昇過程が一服したのち、長めの陽線が出て、陰線が3本かぶさってきていますが、次のローソク足では陽線が出現。かぶせを抜いているので、買いのチャンスと考えられるでしょう。

なお、株価は上げトレンドになり始めています。

投資の格言

相場の金と凧の糸は出し切るな

株は、つねに余裕を持ち、暴落したときなどに買い向かっていける資金を残しておくべきである。全力買いはよくない

「かぶせ」を跳ねのける買い方の勢いを評価しよう

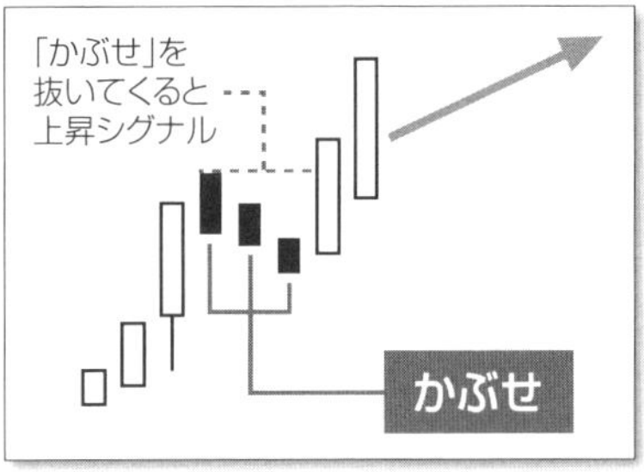

TO THE VICTORY
勝利の方程式

上昇過程で長めの陽線が立ち、その終値より高く始まりながら、終いが安くなった陰線を陽線で抜いてくれば、「買い」です

日立製作所（6501）

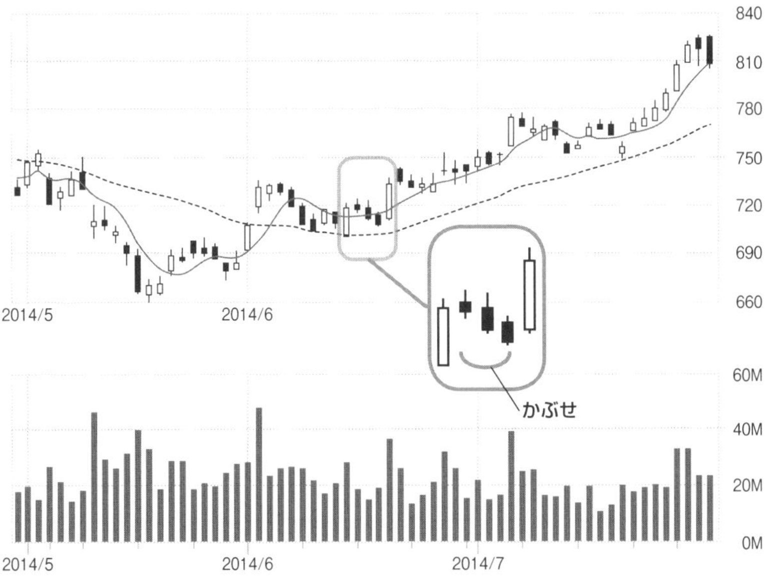

18 「逆三尊型」は大底圏の明確なシグナル

底値で買えるチャンスかも？

ここでは「逆三尊型」の考え方と、買いのポイントについて説明しましょう。株価が下げてきて、逆三尊型が安値圏で現れると、底入れ完了だと判断することができます。

まず、右の図をご覧ください。

①まで下げてきたあとに反転して②にいたります。

しかし、再度、下げに転じて③で深押しして④まで上昇。その後に再び下値を試しに⑤まで押し目を形成しています。

ここまでで３度の下値を模索した格好ですが、このあとは出来高を伴いながら、上昇に転じると下値不安はなくなりますから、株価は上昇波動を描くようになります。

それでは、この逆三尊型を見つけたときに、どこが買いの場所になるのでしょうか。

それは３回目の下値模索を完了し、②と④の株価を結んだ線（ネックライン）を伸ばした点である⑥を抜いてきたところです。

右ページの「三井不動産」の参考チャートも、ほぼそのとおりです。3400円近辺で３回上値を確認して、一度はあや押ししながらも上昇しています。

上昇幅は、銘柄とそのときの相場つきによって異なります。

投資の格言

噂で買え、ニュースで売れ

ニュースとして公になれば、その情報は価値がなくなる。万人が知ってしまえば、買う材料ではなくなるのだ

安値圏での「逆三尊型」は、大底形成の証！

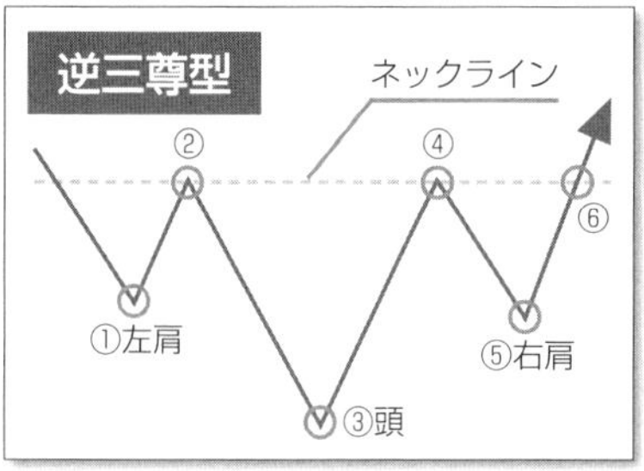

TO THE VICTORY
勝利の方程式

株価が下落してきて、安値圏で「逆三尊型」を形成したあと、「ネックライン」の上抜けを確認したら、「買い」です

三井不動産（8801）

19 上昇基調が控えている「二点底」

頻出のシグナル！ 覚えておこう！

株価の底値を示すシグナルとして、最も多いのが「二点底」ではないでしょうか。

このシグナルは、読んで字のごとく、比較的急な下げから２度、底値を確認しにいくタイプです。つまり下値を２度うかがって、これ以上、株価が下がらないことがわかると反発に転じるわけです。

右の図を見ながら具体的に説明しましょう。

株価が鋭角に下げてきて、１番目の底値①に到達します。

その後、一時的に②まで上昇し、再び底値③を確認しにいきます。さらに③から再び上昇を開始して、出来高を伴って②の株価と同じ水準④を抜いてくれば、買い意欲が高まってきたと考えられますから、反騰局面に向けて買い出動できるのです。

なお、典型的な二点底は、①より③の株価のほうが高いことが多いようです。

二点底は、出来高が伴わなければ、本格的な上昇はあまり期待できません。必ず出来高の変化にも注意してください。

投資の格言

運・鈍・根

相場で成功するには、「運」と「鈍（図太さ）」と「根（根気）」が必要である。時が来たならば、それを逃すな

2度の底うかがいで、反発の機運が高まる

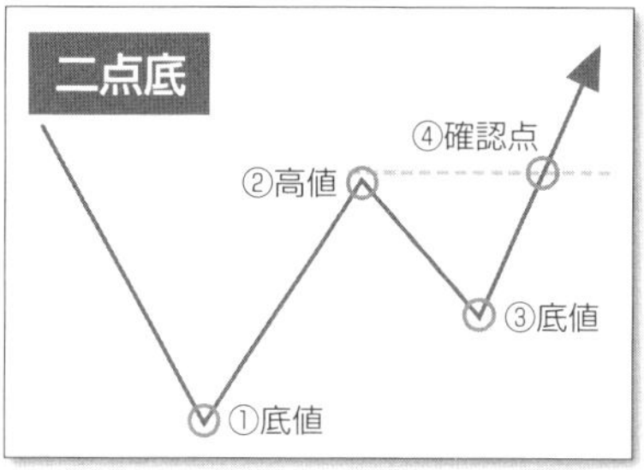

TO THE VICTORY
勝利の方程式

比較的鋭角に下がってきたあとに、底値確認を２度してから、出来高が増え、直近高値を抜いてくると、買いシグナルです

ジェイ エフ イー ホールディングス（5411）

20 株価急騰後の保ち合いは大幅上昇の前兆だ

エネルギーを貯めて、一気に上昇！

下降トレンドを形成して、安値圏にあった株価が、市場環境の劇的な変化やなんらかの材料が流れて急騰すると、比較的長い期間にわたってもみ合うことがあります。

これは急騰したために移動平均線との乖離が大きくなるか、過熱感を冷ますための調整に入ったと判断できます。

しかし、このようなときのチャートを調べてみると、これまで下降トレンドだったのが、いつの間にか上昇トレンドに転換していることが多いのです。

トレンドが上昇に転じれば、調整後の株価は、再騰する可能性が高いですから、移動平均線と株価の位置関係に注意しなければなりません。

株価はひとたびトレンドが変わると、一定の上昇を完了しない限り、買いエネルギーは衰えないものです。また調整を交えながらのほうが、休みのない急騰よりもはるかに上昇期間は長いでしょう。

右ページの「熊谷組」の参考チャートでは、280円まで急騰したあと、240円近辺まで下げ、そこから260円近辺まで上昇したあとに保ち合いに入っています。この保ち合いのあと、出来高を伴って大陽線が出現し、株価が急騰しています。

投資の格言

需給はあらゆる材料に優先する

需要（買い手）と供給（売り手）が、株価に最も大きな影響を与える。材料は、あとからついてくるものだ

急騰後の保ち合いは、再上昇への冷却期間

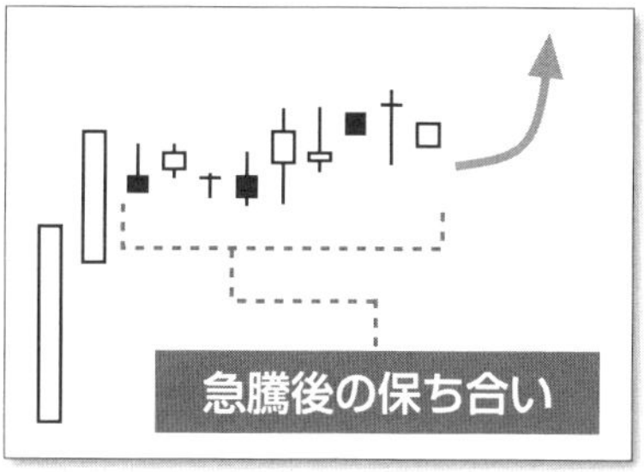

TO THE VICTORY
勝利の方程式

安値圏にあった株価がなんらかの原因で急騰したあと、一時的に保ち合いの状態になっても、その後は大幅な上昇が期待できます

熊谷組（1861）

21 上昇過程での保ち合いは買いのチャンス！

ひと休みで、さらなるパワーを充電！

株価が上昇トレンドのときには、一時的に踊り場を形成する、いわゆる保ち合いになることがあります。

とくに株価が鋭い角度で上昇したあとは、カラ売りや利益確定をしたい売り方と、株価の上昇に素直につこうとする買い方の力が拮抗して、上ヒゲと下ヒゲが交互に現れ、もみ合うことがあるのです。

しかし、基本的なトレンドは上げですから、この保ち合いはさらなる上昇へのチャンスと見なければなりません。

右ページの「ケネディクス」の参考チャートを見て、もう少し詳しく説明しましょう。

このときは直近の安値370円から上昇して、直近の高値480円をつけたところで、売りに押されて陰線をつけますが、そのまま下落することなく、しばらくの間、保ち合い状態を続けています。

その後、株価は徐々に煮つまり、下ヒゲ陽線をつけて買い方有利のシグナルが出て、再上昇を始めました。そしてついにそれまでの上値抵抗だった480円を抜けて、520円近辺まで上がっています。上昇後にもみ合っても、トレンドが上げなら、買いのチャンスと心得てください。

投資の格言

新値につけ

「新値」とは、「上場来高値」や「年初来高値」のこと。新値をつけるということは、その銘柄に勢いがあることを表している

上昇トレンドの保ち合いは、買い！

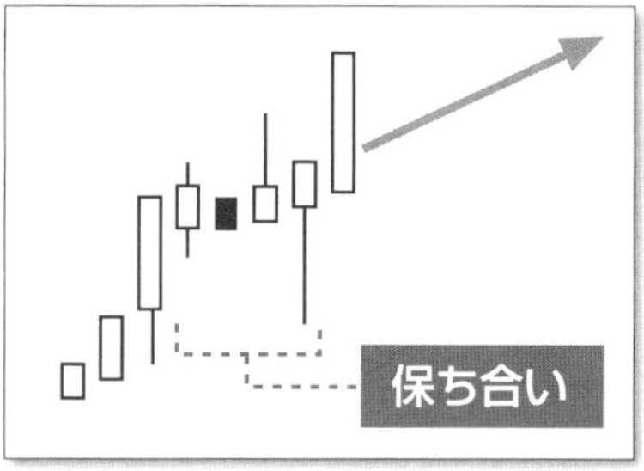

TO THE VICTORY
勝利の方程式

株価が上昇してしばらくすると、利益確定の売りが出るために保ち合い状態になりますが、その後に上昇トレンドが確認できれば、「買い」です

ケネディクス（4321）

22

株価上昇を示す「上昇三角型」

抵抗ラインを抜ければ、勢いが増す

「上昇三角型」は、ほぼ水平の上値ラインで株価は押さえられますが、下値ラインは徐々に切り上がって株価が煮つまっていくのが特徴です。

下値ラインが切り上がるのは、買い方の勢いが徐々に増しているからで、ひとたび水平の上値ラインを上回ると、株価は上放れることになります。株価が三角形の先端に来ると、下値が切り上がることで、蓄積されていた上昇エネルギーを一気に放出するからです。しかもこのときに出来高が伴えば、上値はいっそう高くなって、上昇する期間も長くなります。

上放れてくるポイントを一点でねらうことはむずかしいかもしれませんが、上放れた直後に買うことができれば、十分な値幅を取ることができるでしょう。

右ページの「ゼニス羽田ホールディングス」の参考チャートでは、240円近辺が上値ラインで、下値ラインは210円から230円まで徐々に切り上げています。

そして株価が三角形の先端に来たところで上放れ、途中に大陽線をつけるほどの勢いをつけて、330円近辺までほとんど押し目をはさまずに上昇しています。

投資の格言

相場の器用貧乏

テクニックや知識だけでは、大して儲からない。大局的な相場観が重要。自分なりの考えを持たなくてはいけない

「上昇三角型」は出来高を伴うと、上昇期間が長い

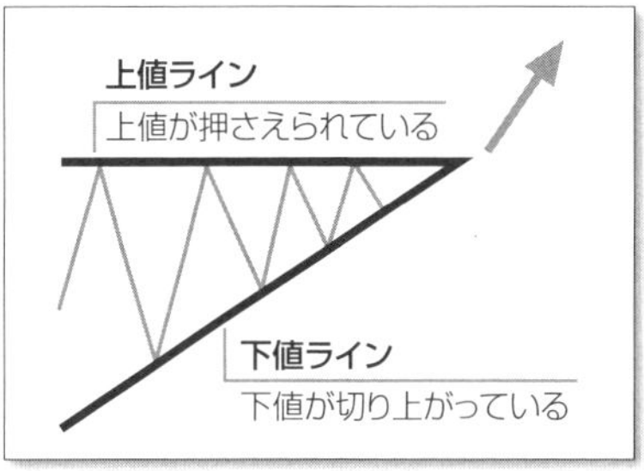

TO THE VICTORY
勝利の方程式

「上昇三角型」は、下値が切り上がることで蓄積されたエネルギーが放出され、株価が上昇するのです

ゼニス羽田ホールディングス（5289）

23 「上昇フラッグ型」の買いのポイント

徐々に下がっていった株価が上昇に転じるとき

「上昇フラッグ型」の特徴は、大幅上昇したあとに、上値も下値も切り下げながらもみ合うところです。

一見、ダラダラと値を崩していきそうですが、フラッグを抜けたときのパワーにはすさまじいものがあります。

ただし、大幅上昇すると、利益確定の売りやカラ売りが出てきて下値を切り下げることになりますから、株価が上放れたとしても反発は限られるでしょう。

それでも上値ラインを抜けてきたら、一時的な上昇に入ったことはたしかですから、ここが買いのポイントになります。

右ページの「ガンホーオンラインエンターテイメント」の参考チャートを見ると、株価のトレンドが下向きのときに、底値500円近辺で、上昇フラッグ型が完成しています。

株価は上値を630円、下値を580円近辺から切り下げて、フラッグを形成しています。その後、上放れの陽線が現れ、上値ラインを抜けたあとに、一気に上昇しています。

ちなみに、下降トレンドのときは、「上昇ペナント型」（140ページ）と同じように、上値はそれほど期待できませんから、株価の動きと出来高に注意して、利益確定のタイミングを見極めましょう。

投資の格言

卵が生まれるまで卵を買うな

噂だけで、株は買ってはいけない。しっかりとした裏づけを確認してから動くべきだ

「上昇フラッグ型」は、上値・下値ともに切り下がる

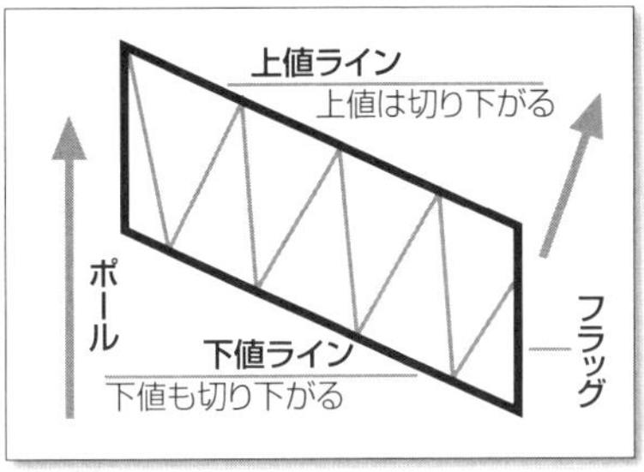

TO THE VICTORY
勝利の方程式

株価が大幅上昇したあと、上値も下値も切り下げてもみ合い、上値ラインを抜ければ、買いシグナルの「上昇フラッグ型」です

ガンホーオンラインエンターテイメント（3765）

24 「下降ウェッジ型」のときは慎重に仕込むのがコツ

手堅い投資をねらうなら覚えておきたい必須の形

「下降ウェッジ型」という名前の由来は、ゴルフクラブの「ウェッジ」の断面に形が似ていることから名づけられました。

このタイプは、上値と下値の両方とも切り下げていますが、上値ラインの角度が下値ラインの角度より鋭いのが特徴です。

買い方が押されていても、売り方の力も限定されていますから、ひとたび買い方が勝ち残ると、株価は急騰することが多いのです。

前項の「上昇フラッグ型」のように、上値と下値が同じように切り下がると、なかなか手が出ないかもしれません。

しかし、下降ウェッジ型では、買い方の力が勝っているため、慎重に下値を仕込むことができれば、利益確定のチャンスも大きく膨らむことでしょう。

もし、下値が切り下がることに不安を抱くなら、出来高を伴って三角形の先端から上放れたことを確認したうえで、参戦してください。

このときは上昇し始めているために、利益幅は少なくなりますが、上昇しないリスクを背負うことを考えれば、より手堅い投資方法だといえるでしょう。

投資の格言

売りは早かれ、買いは遅かれ

株を処分する場合は、シグナルを見ながらすぐにしたほうがよい。逆に株を買う場合は、慎重に中身を見て、チャートのシグナルや出来高などをしっかりと確認してから行ったほうがよい

「下降ウェッジ型」は、買いの勢力が強い証拠

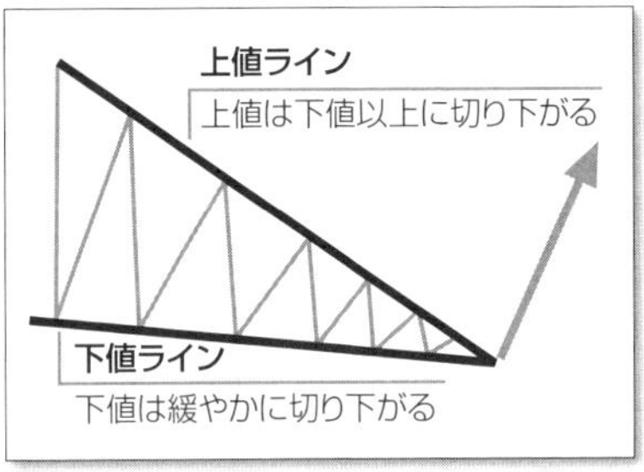

TO THE VICTORY
勝利の方程式

「下降ウェッジ型」は、上値が下値以上に切り下がるのが特徴で、三角形の先端から一転上昇を始めたら、「買い」です

大豊建設（1822）

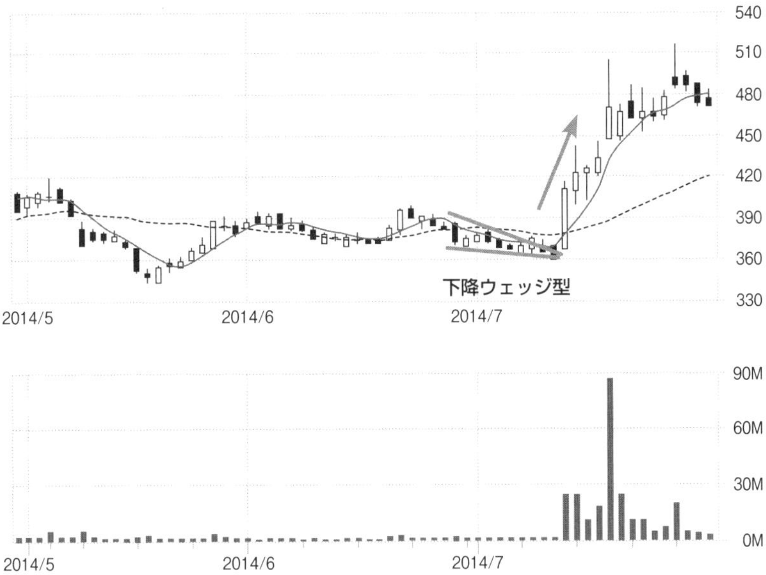

25 「上昇ペナント型」は直前の大幅上昇で判断する

収束とともに、上昇エネルギーを放出！

基本的な形が「対称三角型」と似ている「ペナント型」は、最初に大陽線をつけたあとにもみ合うタイプです。このタイプは、大陽線を「ポール（竿）」、もみ合っている部分を「ペナント（旗）」に見立ててペナント型と称しています。

旗の部分は、大きく上昇したあとの利益確定の売りを消化している整理期間と考えられますから、これまでの基本的なトレンドに変更はありません。

そしてペナント型では、旗の先端から株価が上放れてきたときに、買い出動するのが最も効果的です。

ただし、基本は中段からの再上昇ですから、株価と出来高の関係に注意して、利益確定のタイミングを逃さないようにしましょう。

右ページの「七十七銀行」の参考チャートを見ると、ペナントが出たあとの株価は、急上昇しています。

この推移の場合は、ペナント型の終局でエネルギーが貯まったことが急上昇のきっかけだといえそうです。

なお、銘柄によって株価の動きに違いがありますから、臨機応変に対応することも忘れないでください。

投資の格言

売り方は水鳥の羽音にも怯える

信用取引の売りは、カラ売りができる株数が限られているし、株価が反転し、いくらまで上昇するかわからないという恐怖心もある

「上昇ペナント型」は、再上昇の始まり

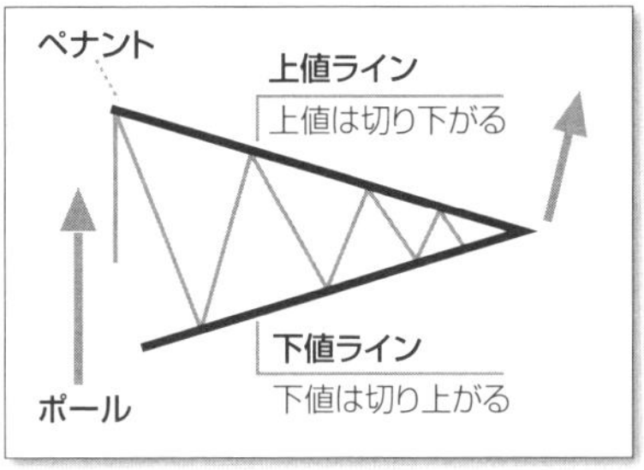

TO THE VICTORY
勝利の方程式

「ペナント型」は、株価が大幅上昇したあとに上値を切り下げ、かつ下値を切り上げるため、基本は中段からの再上昇と考えるとよいでしょう

七十七銀行（8341）

投資に役立つコラム
COLUMN

為替相場のチャートも見てみよう！

多くの日本企業は輸出に依存しているため、株式投資をするときには株価チャートだけでなく、為替相場（円ドルや円ユーロなどの相場）のチャートも確認する必要があります。とくにユーロは、その登場以来、世界の為替相場に影響を与えるようになりましたから、円ドル相場だけでなく、円ユーロ相場にも注目する必要があります。そしてユーロを導入している欧州主要国に多くの輸出をしている企業は、ユーロで決済することから、これらの企業業績も円ユーロ相場に強く影響されることになるのでチェックしておきましょう。

また為替相場は企業業績だけでなく、外国人投資家にも少なからず影響を与えます。

たとえば、円高ドル安傾向になると、アメリカ系の投資家は「円」を保有しているだけで利益が出るようになります。

しかし、彼らはなんらかの形で資金運用しなければなりませんから、流動性の高い国債か株式を買うことになります。つまり円高ドル安になると、輸出系企業の業績は悪くなる恐れはありますが、株式市場に海外からの資金が入ることで、市場が活況になる可能性が高くなる場合も十分にあり得るのです。

断定はできませんが、為替相場の動向を銘柄選びに結びつけることができれば、投資成績も飛躍的に上がることでしょう。

円ドルのチャート

第4章

Chapter

このパターンは要注意！「売り」のシグナル

株式投資で利益を出すためには、売り時をきちんと見極めることも大事。
焦らず、欲張らず…「チャート」をきちんと読み取って好機を逃さないように！

01 天井圏で「長い上ヒゲ」が出現したら迷わず、売り！

上値が重いサインの代表格

第4章では、チャートから売りシグナルをどのように読み取ればよいかを説明していきます。

とくに売りのときは、「もう少し上がるかもしれない」といった欲や、「どこまで下がるのだろう」という恐怖との戦いともいえます。そのため、チャートから読み取れる売りシグナルを的確にとらえなくてはなりません。

そこで、まず最もシンプルな売りのシグナルとして用いられる「天井圏での長い上ヒゲ」から紹介することにしましょう。

陽線が連続して株価が上昇すると、利益確定の売りやカラ売りなどが増えて、上値が重くなってきます。

こうした現象がチャート上では「長い上ヒゲ」として現れるわけです。買い方の勢いが強くても、相場が天井圏に達していると、売り圧力が買い意欲を上回るため、株価は押し戻されるからです。

とりわけ、長い上ヒゲを伸ばしたローソク足が現れると上値は限られますから、そのときは一度、手仕舞うのが定石です。

さらにこの長い上ヒゲの実体が大陰線であれば、即売りと考えるべきでしょう。

投資の格言

大欲は無欲に似たり

底で買って天井で売ろうとする大きな欲を持つと、タイミングを逸して損が出る。多くを望みすぎるな

上値の限界点は、「上ヒゲ」で読み取ろう

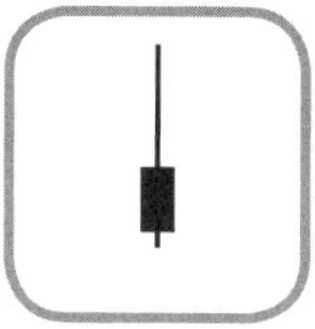

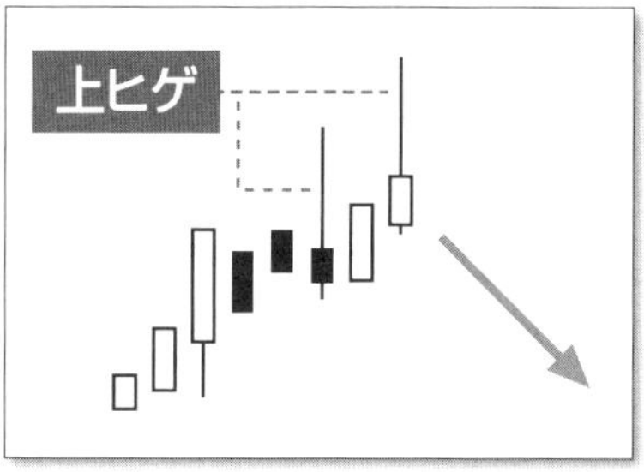

TO THE VICTORY
勝利の方程式

株価が天井圏に近づくと「長い上ヒゲ」のローソク足が現れます。それが大陰線であれば、即売りとなります

オリエントコーポレーション（8585）

02 ローソク足が「団子状態」になったら天井の証

天井は、小さい集団が教えてくれる！

株価が天井圏に達したり、近くなったというシグナルは、思いのほかチャート上で見つけることができます。

しかし、前述したように「もう少し上がるかもしれない」という欲があると、そうしたありがたいシグナルを見落としてしまうのです。「団子天井」も、その１つです。

株価が大幅に上昇してきて、移動平均線との乖離が大きくなると、小さなローソク足が何本も立つことがあります。出来高が高水準を保っていれば、中段のもみ合いと考えられ、さらなる上昇も期待できます。

一方、出来高が急減して小さなローソク足が続くときは、上値を取れるほどのエネルギーは残っていませんから、そのまま下落に転じると考えるべきでしょう。

このような値動きは、右ページの参考チャートでも明白です。610円近辺を起点に750円まで上昇したのち、小さなローソク足が1週間にわたって現れ、保ち合い状態になっています。

その後、株価は上値を取れず、窓開けの急激な下落となっています。

上昇後に小さなローソク足が出て、出来高が急減したら売りということを心得ておいてください。

投資の格言　敵を知り、己を知れば、百戦して殆《あや》うからず

上昇トレンドや個別銘柄のファンダメンタルズを知り、自分の資金や性格などを把握すれば、成功する確率も高くなる

「団子天井」は、売り有利

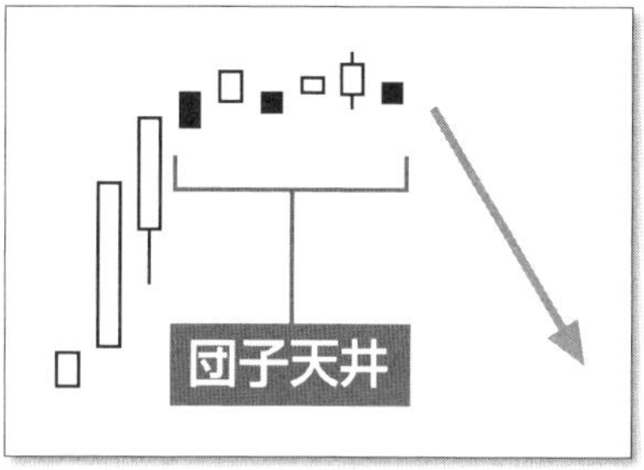

TO THE VICTORY
勝利の方程式

株価が上昇して値動きが小さくなると、保ち合い状態に入ります。そこから上値を取れないと、下落の可能性が高まります

野村ホールディングス（8604）

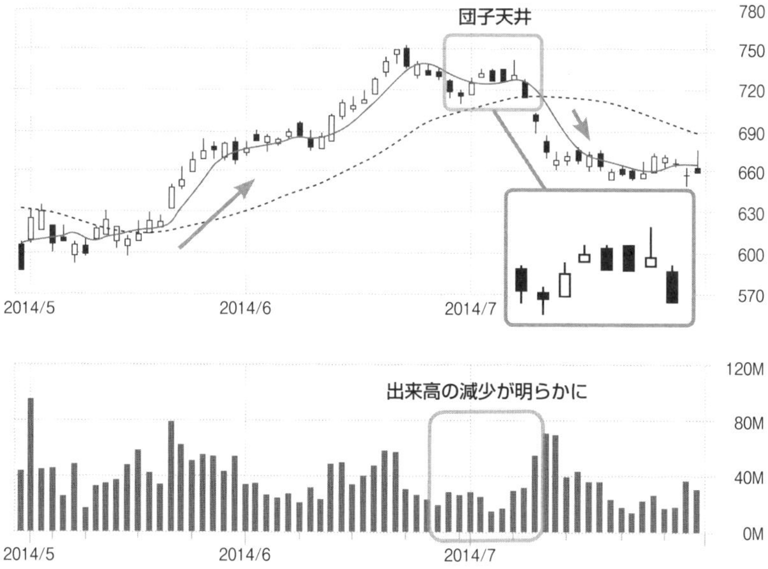

03 天井圏での「三羽ガラス」は明確な下げのシグナル

まだまだ下がる…不吉な形

株価が上昇してきて移動平均線との乖離が大きくなり、陰線が１本でも立つと、これは「天井をつけたのか」、それとも「調整期間に入ったのか」と悩むことは、株式投資をしていればよくあることではないでしょうか？

しかし、ここで説明する「三羽ガラス」が現れたら、悩むことなく、売りです。

三羽ガラスとは、３本の大陰線が続くことですが、このようなときは、下降トレンドに転換したと考えるべきでしょう。

「３本も大陰線が続いたら、もう大きく下げているじゃないか」と思われる人も多いでしょうが、トレンドが変わったということは、それだけの下げでは済まないことがあります。すなわち、利益が多少なりとも出ていれば、素直に売り逃げたほうが賢明なのです。

それでは、右ページの「三井造船」の参考チャートで検証してみましょう。230円超をつけたあと、３本の大陰線をつけ、三羽ガラスを形成しています。株価は一気に下落し、最終的には200円の大底まで下降しました。

このシグナルは、強烈な売りのサインになっていますので、くれぐれも見逃さないでください。

投資の格言

天井を買わず、底を売らず

天井の未来は下がるだけであり、底の未来は上がるだけである。だが、天井付近では上昇ピッチは早くなり、まだまだ上がりそうな気分にさせられる

天井圏の「三羽ガラス」は、不吉な相場の前兆

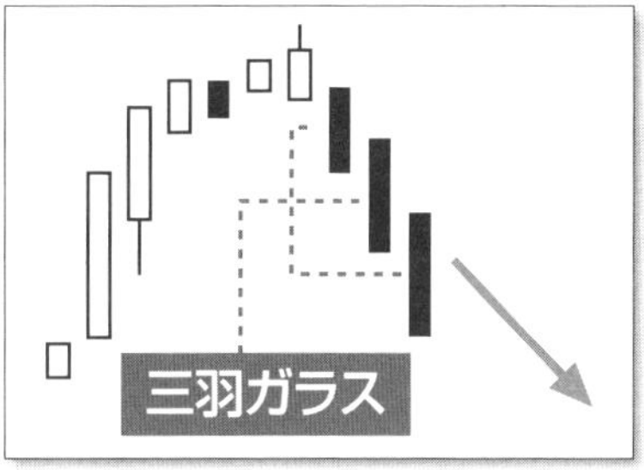

TO THE VICTORY
勝利の方程式

株価の上昇後、大陰線が３本並んだときは上昇トレンドが崩れています。ここは素直に「売り逃げる」のがポイントです

三井造船（7003）

04 急上昇後の「上放れ陰線」は下げのシグナル

上昇途中で、寂しく上方にローソク足が出ると…

株価が急上昇したら、迅速に売り場を考えなければならないケースについて説明しましょう。

理想的な上昇の終局で、大陽線のあとに大きな窓開けの陰線が出ています。高値圏では暴走とも思えるような勢いで窓を開けて寄り付き、その後、引けにかけて値を消す。

これが「上放れ陰線」です。

「株価が休みなく急上昇すると、相場は短命に終わる」というような値動きをするときは、上放れ陰線が出なくても、つねに売りのタイミングを考えなければなりません。

仮に上放れ陰線が現れれば、迷わず売り逃げるべきで、さらなる上値があったとしても気にする必要はないでしょう。上放れ陰線が出たあとは、急落の危険性が増すために、売り逃げられなかったときのリスクを考慮しなければならないからです。

急上昇後の下げは、買い方が利益確定の売りを出すばかりか、カラ売りをねらっていた投資家にとっては、千載一遇のチャンスです。

さらに利益確定をした投資家もカラ売りをしてくる可能性も十分にあり得ますから、深追いは避けてください。

投資の格言

天井三日、底百日

株価が天井のときは短く、底の状態で横ばいしているときのほうが長い。売り場を逃してはならない

高値圏の「上放れ陰線」は、下げのシグナルだ！

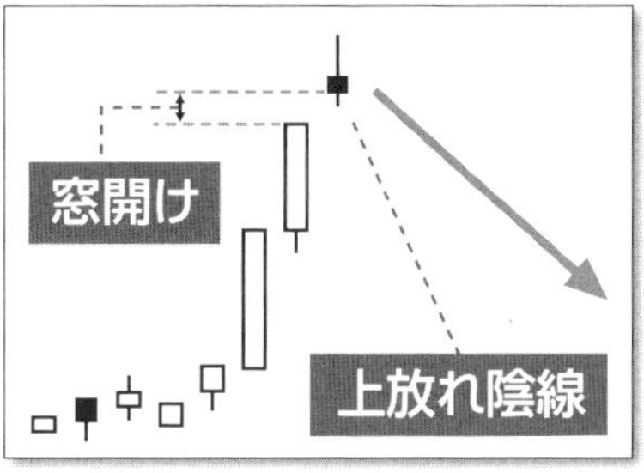

TO THE VICTORY
勝利の方程式

株価が勢いよく上昇している最中に上放れて、寄り付いたあと安く引けると、下降する可能性が高いでしょう

アドウェイズ（2489）

05 株価が上放れて陽線が３本続けば上げの限界

陽線が続くと、いつまでも上昇すると思いがち

天井圏を示すシグナルは、株価が上昇しきってから現れるとは限りません。ここでは、上昇途中に売り場を探さなければならないケースについて説明します。

安値圏でもみ合っていた株価が、なんらかの材料や情報をもとに、突然、大陽線をつけて上放れることがあります。

しかし、このような値動きになったら、上げの見事さに感心していないで、いつでも売れるような心構えをしておかなければなりません。

とりわけ、窓を開けながら大陽線が３本も立つときは要注意です。窓を埋めないまま、買い方の勢いに任せて上昇した株価は、上げきった瞬間に、これまでとは逆の急激な下げに見舞われることが多いからです。

右ページの「旭硝子」の参考チャートでは、株価上昇中に3本の陽線が連続しているのを確認できます。そして、いくつかの小さな陰線が現れて上値の限界を表しています。

その後、株価は堪えきれずに、620円の高値から580円近辺まで急落しています。株価が急激な上昇を始めたら、売り場を探すことに神経を集中させてください。

投資の格言

時を見、変を思うべし

明日、なにが起こるかは誰にもわからない。つねになにか変化が起きるということを念頭に入れておかなければならない

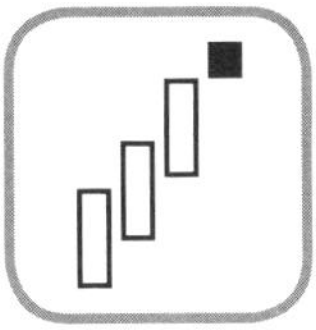

「上放れ陽線」が3本なら、売り場を探すのが賢明

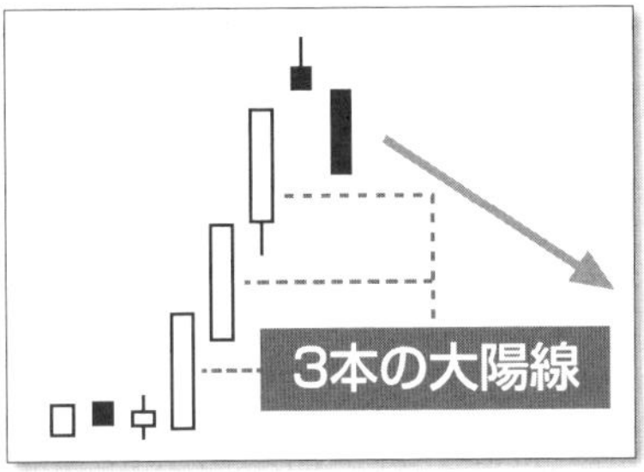

TO THE VICTORY
勝利の方程式

株価が一気に上放れて大陽線が３本連続すると、利食い先行になりやすいため、その後は急落することが多いでしょう

旭硝子（5201）

06 天井付近で「はらみ線」が出たら、売り！

陽線のあとに、勢いが急激におさまると…

98ページで、「安値圏で陽のはらみ線が出れば、上昇の前兆」と説明しました。このときは安値圏でしたから、「大きな陰線に小さな陽線」という組み合わせです。

対して、天井付近で「陰のはらみ線」が出ると、下落を暗示しています。これは「大きな陽線が小さな陰線」を包み込むように寄り添っているローソク足の組み合わせになります。

下落を予感させるはらみ線は、株価が上昇して保ち合いになったときに現れるのが一般的です。

この陰のはらみ線は、前日（前週）の終値より安く始まり、前につけたローソク足の上下の範囲におさまって陰線が立つものです。このときは何度か挑戦しても上値を抜けきれません。

株価は上げがなければ、下げというのが常道です。つまり高い状態のまま横ばいに推移することはほとんどありません。そのため、市場参加者は次第に先行き下落を認識して、売りに回るようになります。

簡単に参考チャートでおさらいすると、高値258円をつけると、次のローソク足では小さな陰線をはらみました。その後は上値を抜くほどの力はなく、目先では下落に転じています。

投資の格言

トレンドこそがフレンドだ

相場で儲けるには、トレンドを見極めることが重要である。それをしっかりと見極めよ

高値圏の「はらみ線」は、まず利食いしよう

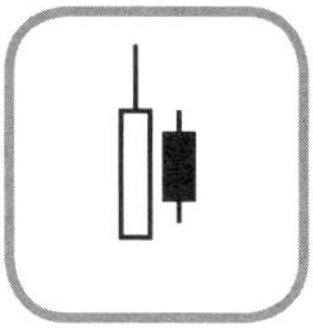

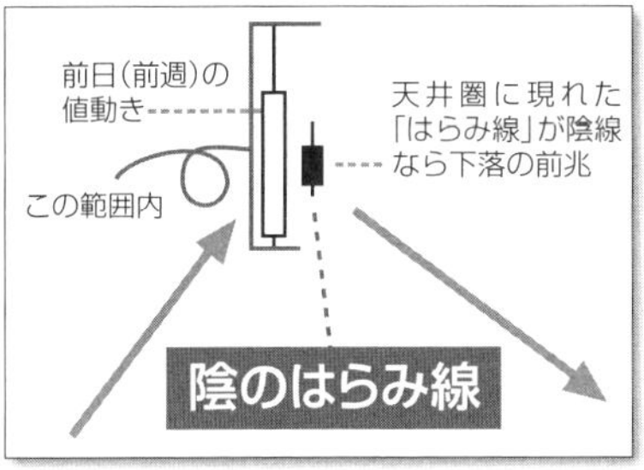

TO THE VICTORY
勝利の方程式

高値圏での「はらみ線」は、下落の前兆。手持ちの株があれば、一度は手仕舞うべきでしょう

西日本シティ銀行(8327)

07 窓開けを３回しながら上昇すれば、売り！

上げすぎは、下げにつながる

　ごくまれに、何度も窓を開けながら、株価が天にも昇る勢いで上昇することがあります。こうした苛烈な上げ方をしているときは、どのように対処すればいいのでしょうか。

「三空踏み上げは売り向かえ」という相場の格言があります。

　これは「３回も窓（空）を開けて強烈に上昇するなら売りなさい」という意味で、このあとの上昇に、決して期待してはならないのです。

「窓開けをした相場は窓埋めをしないと短命に終わる可能性が高い」ということは、何度か説明しました。この「三空踏み上げ」は、まさに窓開けの極みといってもいいでしょう。

　ですから、このような上げ方をしている銘柄が手持ちでないなら、珍しいものを見たという程度で静観すべきでしょう。

　間違っても、途中から飛び乗ることは厳禁です。

　しかし、幸運にも手持ちの株があるなら、最後までついていこうとせず、このような相場にめぐり会えただけでも幸せだと思って、ほどほどのところで利益確定をしましょう。

　さもないと売り場すら失い、利益どころか損失を抱え込むことになりかねません。

「三空踏み上げは逃げるが勝ち」なのです。

投資の格言

生兵法は大怪我《けが》のもと

中途半端な知識を身につけた程度で過信していると、非常に危険である。つねに柔軟であれ

「三空踏み上げは売り向かえ」だ！

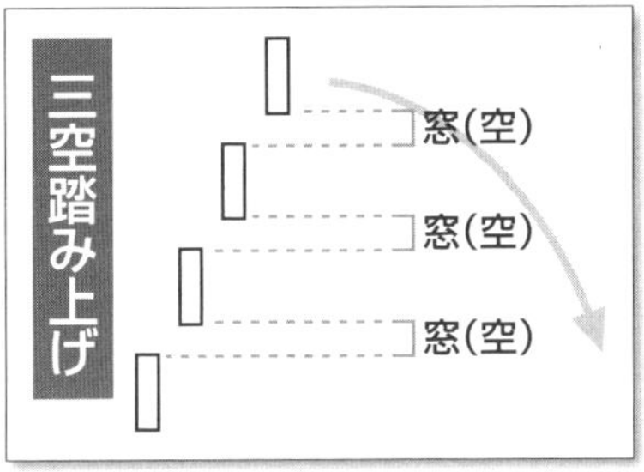

TO THE VICTORY
勝利の方程式

株価が３回も窓を開けるような強烈な上げを演じたあとに期待してはいけません。このポイントは「逃げるが勝ち」です

川崎汽船（9107）

08 高値圏で「上放れ十字線」が現れれば、売り！

クロス（十字線）は、頂上がお気に入り

「寄引同事線」のなかでも「十字線」は、どの段階で現れても気迷いを意味します。

とりわけ、株価が上昇する最終局面に「上放れ十字線」が現れれば、相場の転換を暗示、つまり下落を意味しているといえるでしょう。

この十字線は、売り方と買い方の力が拮抗していることから、調整と見ることができるかもしれません。おそらく実際にこうした銘柄を持っていたときに、高値圏で十字線が現れれば、非常に迷うはずです。

そのようなときには、「グランビルの法則」を思い出してください。高値圏で十字線をつけるときは、多くの場合、株価は移動平均線の上に位置しているはずです。

そこで、十字線の次に現れるローソク足が長い上ヒゲを伸ばしていたり、大陰線だったら、売りと判断してもいいでしょう。

それでも決断できないときは、株価がもう少し下落して移動平均線と接触してくれれば、売る決断もできるはずです。

このように、グランビルの法則も取り入れて相場展開を考えれば、最善の方法ではないにしても、上出来の結果が得られることでしょう。

投資の格言

ニュースは発表された瞬間に古臭いものとなる

テレビや新聞で発表されたら、誰もが知るので価値がなくなる。ここでは買いではなく、売りである

高値圏の「上放れ十字線」で迷ったら、利益確定

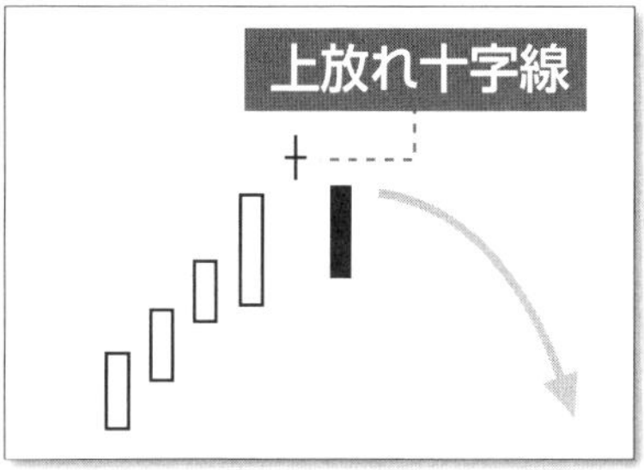

TO THE VICTORY
勝利の方程式

高値圏で「上放れ十字線」が出て、翌日陰線が立つと下落基調に転じたことが明らかになります。「売り」のサインです

パナソニック（6752）

09 「つたい線の打ち返し」は天井圏を知らせるシグナル

上昇基調中の貴重な下げの警告

陽線を連ねて天井圏に到達すると、前日につけた陽線の高値より安く寄り付き、引けも下げるような陰線が続くこと（これらの陰線を「つたい線」といいます）があります。

その後は大陽線（これを「つたい線」に対する「打ち返し」といいます）をつけるなどして、一見、相場が堅調に見えることがあります。

この一連の株価の動きは「つたい線の打ち返し」といって、「売り圧力が増大しているシグナル」とされています。

大陽線をつけても、上値をなかなか抜けない展開なら、その後は反落して、下落基調に転じる可能性が高いでしょう。

こうした反落を予感させるシグナルが現れても、手持ちの株があると、自分の都合のいいように相場展開を解釈しがちです。

しかし、つたい線の打ち返しのあとに、出来高が細り出して長い陰線をつけるようでしたら、一度は手仕舞うべきでしょう。

なお、基本的なトレンドは上昇ですから、くれぐれも早合点しないで、相場の状況を見極めることを忘れないでください。

上昇過程で、高値圏を示すシグナルが現れると判断に悩むかもしれませんが、迷ったときは売りです。

投資の格言

初押しは買い、初戻しは売り

底から上昇に転じるときの押し目は買いであり、天井から下げに転じたときの戻しは売り場である

「つたい線の打ち返し」で、基調を再確認しよう！

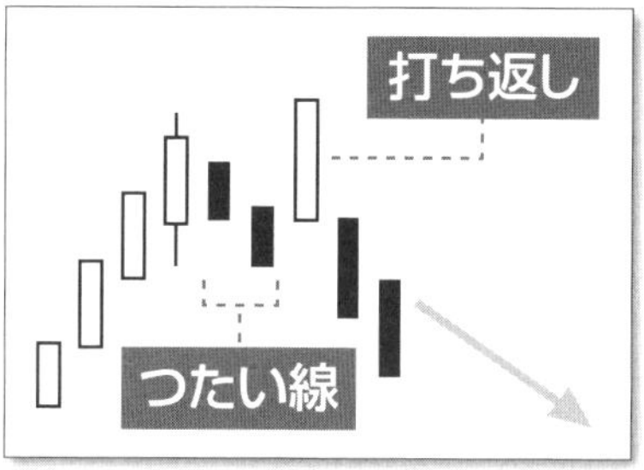

TO THE VICTORY
勝利の方程式

「つたい線の打ち返し」になるのは、上昇基調にあっても、売り圧力がかなり強まっていることを示しています

イオン（8267）

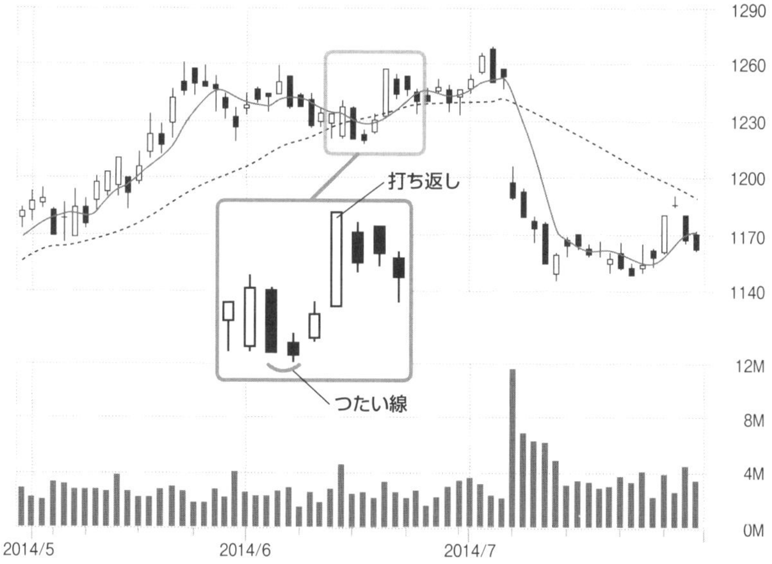

10 窓開けした下落後の反発が売りの仕掛けどころ

窓を開けて下落したら、窓埋めまでが関の山

株価が高値圏にあるときに、長い陰線が現れると下落基調に転じることがあります。しかもその陰線が長いほど、売り圧力が強いことを示していますから、さらに窓開けして下落する可能性が残っています。

しかし、これほど勢いよく下げると、カラ売り筋の買い戻しや自律反発ねらいの買いを誘うため、一時的に上昇することがあります。

相場は下落基調ですから、戻りがあっても本物ではありませんし、極度の下げに対する反発は、窓埋めするのが精一杯のはずです。つまり窓埋めしたところが、売りを仕掛けるポイントというわけです。

右ページの「ヤフー」の参考チャートで検証してみましょう。

株価は、510円近辺で当面の高値をつけています。その後に上ヒゲをつけて下落に転じました。480円近辺まで下落し、若干値を戻しますが、エネルギーはそこまででした。

結果的に、窓埋めが下落のシグナルとなっているのです。このことを十分に心得ておきましょう。

投資の格言

吹き値待ちに吹き値なし

「吹き値」とは、材料なしに株価が急騰すること。滅多にないので待っていてもムダである

下落局面の窓開けは、窓埋めまでが限界

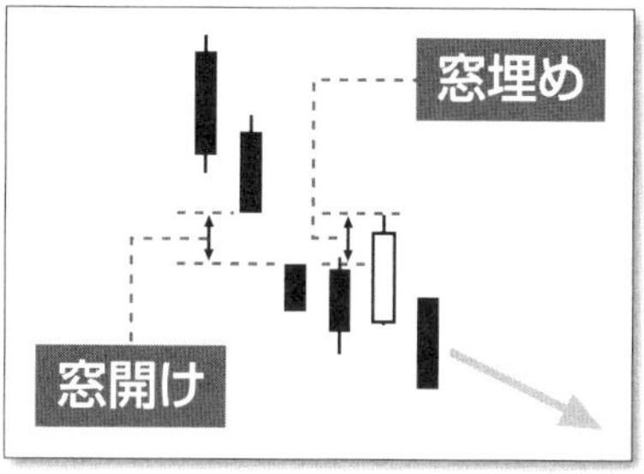

TO THE VICTORY
勝利の方程式

株価が下落に転じて長い陰線をつけ、さらに窓開けして「一段安《いちだんやす》（さらにもう一段安くなること）」すると反発することがあります。しかし、ここは売りの仕掛けどころです

ヤフー（4689）

11 下落途中の「差し込み線」は「追撃売り」のシグナル

下降途中の大きな陽線は、上げのサインにあらず

陰線を連ねて株価が下落中に前日（前週）のローソク足より下放れて寄り付き、前日（前週）の始値とほぼ同値で引けるような陽線を「差し込み線」と呼んでいます。

これは一時的な戻しであることが多く、「底値だ！」などと思ってはいけません。

差し込み線は、終値が前のローソク足の範囲におさまっているかどうかに注目する必要があります。前に現れたローソク足の始値を抜けなかったときは、反発力が弱いと考えるべきです。

ですから、下落途中で差し込み線が出現すると、「一段安」する可能性が高いため、投資スタンスは売りになります。また天井圏でカラ売りを仕掛けていれば、「追撃売り」でしょう。

ただし、株価が安値圏にあるとき、近いところに差し込み線が2本出ることがあれば、反転する場合もあります。カラ売りをしていれば、買い戻しの準備をすべきです。

右ページの「大林組」の参考チャートの差し込み線は、下落途中で1本ですから、売りシグナルと考えてください。

投資の格言

覆水盆に返らず

取り返しのつかない失敗もある。そのような失敗をしないためにも、真剣勝負で相場に臨む心構えを持つ。とくに売り場が肝心だ

下落時の「差し込み線」で、上値はいっそう重くなる

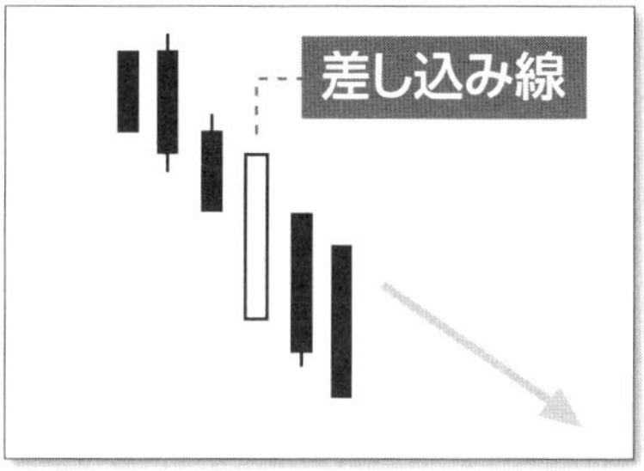

TO THE VICTORY
勝利の方程式

陰線を連ねて下落中に前日の終値から下放れて始まり、前日の始値とほぼ近い水準で終了すれば、「追撃売り」です

大林組（1802）

12 「３本の下放れ陽線」は再下落を確認したら、売り！

陽線のあとの挙動には、注意が必要だ

チャートを見ていると、株価が下落しているところに、突然、右図のように窓開けしたあと、陽線が３本現れることがあります。「下放れ三手」といわれるものです。

陽線が窓を開けたあとに３本も続けば、「上昇に転じたか」と錯覚する人も多いのではないでしょうか？

しかし、そこで注目すべきなのは、次に現れるローソク足なのです。このあとに再び陰線を確認したときは、手持ちがあれば手仕舞い、そうでないときはカラ売りというのが、投資戦術としては理想的だといえます。

３本の陽線が現れた理由は、買い戻しか、値ごろ感による新規の買い、もしくはその両方ということが考えられます。

前者であれば、今後の買い戻しが少なからず減ることになりますし、後者の場合は、このあと下落することで今後の売り要因になっていくでしょう。とくに新規の買いが多いと、戻り上値を押さえる原因にもなるため、下落基調が長引く可能性が高くなるのです。

下放れ三手を確認したら、今後の下落に備えて、手仕舞う準備をしておきましょう。

投資の格言

踏み上げは売り

カラ売りが多い銘柄は、カラ売りをした人が、あとで必ず買い戻さなければならない株数が多い銘柄である。このときに急騰は売りだ

「下放れ三手」は、買い方を巻き込んで下落する

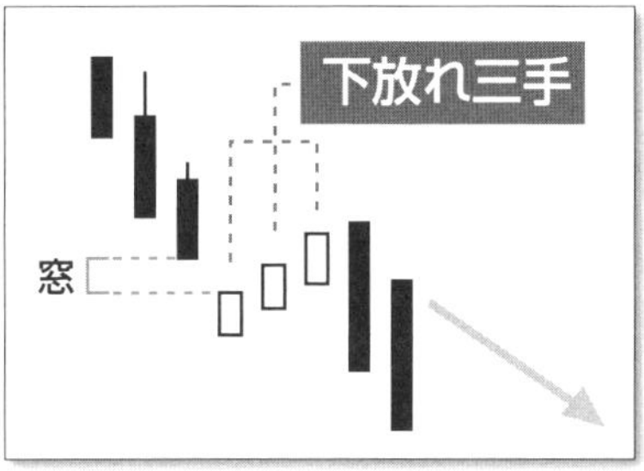

TO THE VICTORY
勝利の方程式

下落局面でつけた陰線から下放れて寄り付いて陽線となり、さらに２本の陽線が逆行し、次に陰線が立てば、「売り」です

グリー（3632）

13 下落局面で３本の「はらみ線」が現れたら、売り！

ローソク足をはらむのは、買い方の弱さの表れ

「売るべし、買うべし、休むべし」という相場の格言がありますが、この３つを「三法《さんぽう》」と呼んでいます。

株式投資で儲ける確率を上げるには、どこかで休みを入れて静観する必要があります。ここで説明する「下げ三法」も、相場の先行きを見極める投資戦術の1つです。

株価が下落してくる過程で、大陰線をつけたあとに、３本の小さな陽線（もしくは陰線）が連なって、さらに大陰線が「大引坊主」で出現することがあります。

これは陽線が３本も並んだのに、前の大陰線の上値を抜くことができなかったことから、買い方のエネルギーの弱さと、売り圧力の強さを物語っています。

したがって、下げ三法とは、この３本の小さな陽線（もしくは陰線）が上昇への転換を示すものなのか、それとも「一段安」していくのかを見極めるための「休み」ととらえているのです。

３本の陽線が、前の陰線の上値を大きく抜ければ、今後の上昇を予感することができるでしょう。逆に３本の陽線が、前の陰線の上値を抜くことができないで、次に長い陰線をつけることになれば、「追撃売り」という戦術が立てられます。

投資の格言

曲がり屋に向かえ

年中予想がはずれる人と逆のことをすると儲かる。予想は当たらないものなので、曲がったら休むべし

「下げ三法」は、買い勢力の弱さを物語っている

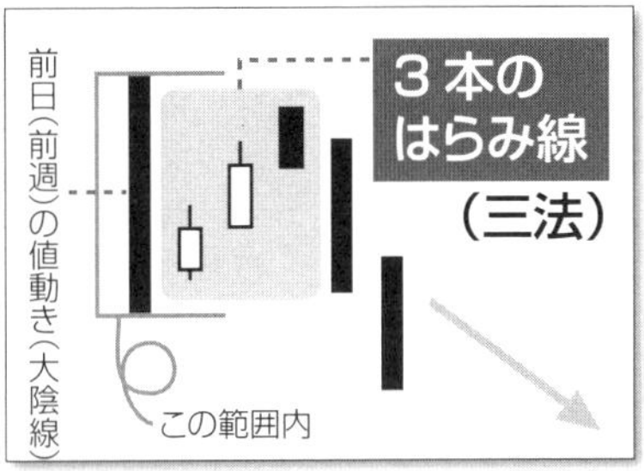

TO THE VICTORY
勝利の方程式

株価の下落過程で、長い陰線のあとに3本の陽線や陰線が現れても、前の陰線の上値を抜けきれないときは、「売り」です

JSR（4185）

14 下落局面での「たすき線」の出現は、追撃売り！

陰線のあとの陽線の判断は慎重にしよう

株価が下落に転じて陰線が連続しているところに、突然、前の陰線を上回るような陽線が現れることがあります。

しかし、こうした現象はカラ売りの買い戻しによるものが多く、反騰ではありません。

とくに前日の陰線の終値より高く寄り付き、その陰線の始値より高く引ける陽線（こうしたローソク足の配列を「たすき線」といいます）が現れると、その陽線と逆方向、つまりさらに下落すると考えるのが、基本的なチャートの読み方です。

このような値動きを見て、「反騰だ！」と慌てて飛びつき買いをする人もいますが、なんの材料もないのに株価の基調が急に変わることは、そうあるものではありません。

仮に反転するような材料が出たとすると、この程度の上昇では済まないはずですし、出来高も急増するでしょう。

ですから、手持ちの株を天井圏で売り抜けることができなかったら、この上昇をチャンスと判断して、売り逃げるのが賢明です。また信用取引をしているなら、カラ売りの好機だということを覚えておきましょう。

投資の格言

見切り千両

マイナスになっている株は、早々に「損切り（損を承知で売買を手仕舞うこと）」したほうがよい。大きな損を抱えると取り返しがつかなくなる

「たすき線」は、ローソク足の方向に逆行する

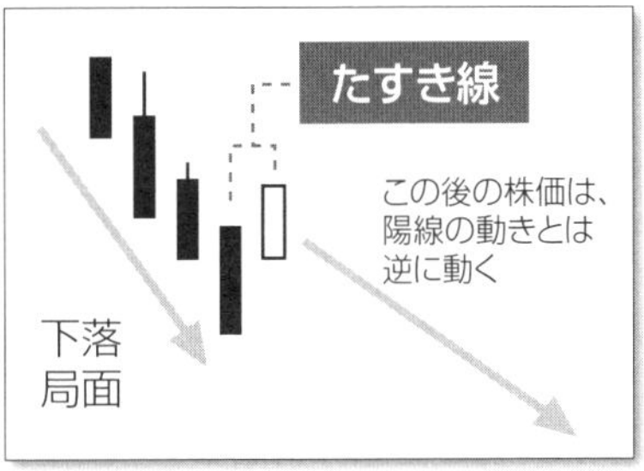

TO THE VICTORY
勝利の方程式

株価が下落に転じて陰線が続いているときに「たすき」をかけたように陽線が現れると、株価は上昇に転じることはなく、下落を続けます

商船三井（9104）

15 下落局面で「化け線」が現れたら上昇理由を確認する

「化け線」には、だまされないように…

株価が陰線を連ねて下落しているときに、突然、大陽線が現れて、「しまった！」と慌てて買ったり、買い戻したりしてしまうことがあります。

しかし、こうした陽線は「だまし」であることが多いことから「化け線」と呼んでいます。ただ、急に吹き上がったローソク足がすべてだましであるとは限りません。

このあと、基調に変化が見られずに陰線をつけて下落していくことが前提になります。

ただし、前項で説明した「下落局面でのたすき線」と同様に、下落局面の株価が、なんの材料もなく急騰することは、まれであると考えたほうがいいでしょう。

この陽線が、だましと判明したら、手持ちの株は急いで売らなければなりませんが、カラ売りをねらっている場合はチャンスです。化け線のおかげで、下落局面に買いが膨らんだわけなので、上値はいっそう重くなり、下げを助長することになるからです。

陽線の正体が化け線だと判明すれば、「売りが売りを呼ぶ」展開になるのは必然です。手持ちの株は、速やかに「成り行き（価格を指定しないで、その場の値段で売買する）」で売るべきでしょう。

投資の格言

名人は相場の恐さを知る

名人は相場の恐さを経験している場合が多く、天井近辺の加熱相場では臆病であり、慎重になる。逆に底のときにコツコツ買い始める

下落相場の「化け線」は、下げをいっそう加速する

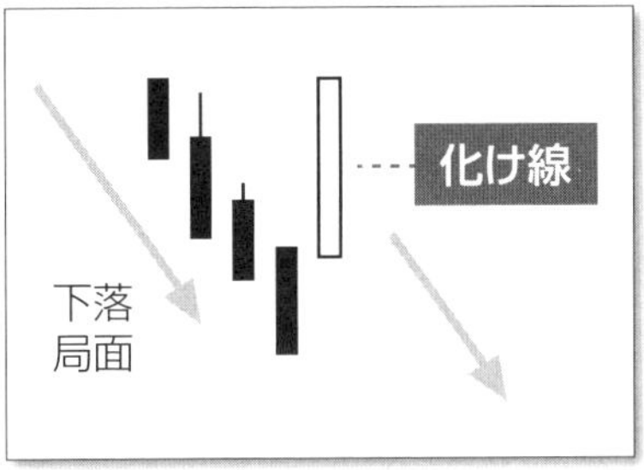

TO THE VICTORY
勝利の方程式

下落局面で、突然、大陽線が現れることがあります。このときは慌てないで、上昇理由を確認してから行動しましょう

国際石油開発帝石（1605）

16 下落局面での「三つ星」は再下落の幕開け

「そろそろかな」と油断すると…痛い目にあう

株価が高値圏から下がってくると、一時的にもみ合うことがあります。とくに小陽線や小陰線が３本連続してもみ合う（これを「下げの三つ星」といいます）ようなことがあると、下落局面が次の波動に入る前触れと考えられています。

含み損を抱えた株があるときに、もみ合ったり、一時的に陽線をつけたりすると、「やっと反発の時期に来たか」と考えがちですが、これまでも指摘したように、基調が変わったら、よほどの材料が出ない限り、反転は望めません。

したがって、本来のトレンドと逆の考えを持って相場に臨むと、対応が一手も二手も遅くなり、損失をさらに膨らませてしまいます。下げの三つ星も、そうした期待を抱かせる値動きをしますから、十分に注意してください。

参考チャートで、三つ星について検証してみましょう。

チャートの始めをご覧ください。下げの三つ星が現れています。その後に大陰線が現れ、窓を開けて下落しているのがわかるはずです。株価が移動平均線の下にあるので、強い下げトレンドと考えていいでしょう。

投資の格言　メンツにこだわると、メンツと財産を失う

自分の理論や理屈・メンツなどにこだわっていると、大失敗するケースが多い。相場はコロコロと変わるので要注意だ

「下げの三つ星」で、再下落を確信！

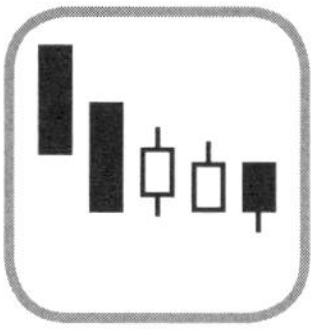

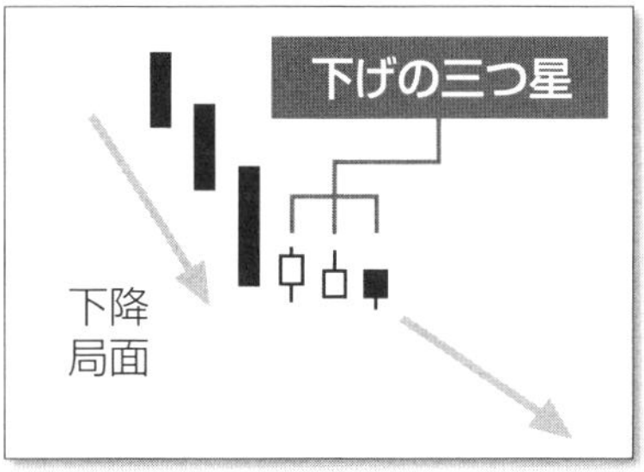

TO THE VICTORY
勝利の方程式

株価のトレンドは、簡単には変わりません。とくに「下げの三つ星」でもみ合ったあとは、再下落が控えている可能性が高いでしょう

不動テトラ（1813）

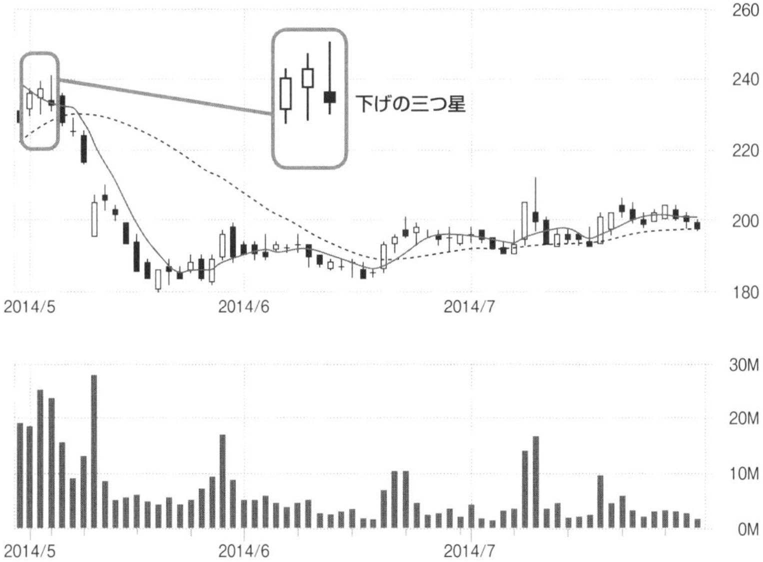

17 窓開けして２本の陰線が現れたら即刻手仕舞い

下げ相場のときは、あきらめも大事！

株価の下落基調が明らかになりしばらくすると、前日のローソク足から下放れて、２本の陰線が並ぶことがあります。

これを「下放れ黒２本」といいますが、こうしたローソク足の配列になると、下げが加速したり、大幅な下落を招いたりすることがあります。そのため、下放れ黒２本が出たときは、速やかに手持ちの株を手仕舞わなければなりません。

下放れ黒２本が出ているにもかかわらず、「窓開けした分、若干の反発もあるだろう」などと、悠長にかまえていてはならないのです。

一方、カラ売りするには絶好のチャンスですから、下放れ黒２本がチャートに現れたら、即行動に移すべきでしょう。

右ページの「若築建設」の参考チャートでも、そうした窓を開けて大きな陰線が現れる動きが見られますから、念のため検証しておきましょう。

チャートでは、直近の高値160円超から下降トレンドに転じ始めたところで、このシグナルが現れました。その後、窓を開けながら一気に下落し、120円を割り込んでいます。

このように、上げの終わりや売り急ぎのシグナルでは、すばやい対応が含み損を少なくする売買の在り方です。

投資の格言

よく泳ぐ者は溺れる

猿も木から落ちる。自信過剰は禁物。そこそこでの撤退が肝要だ

「下放れ黒２本」は、カラ売りの好機だ！

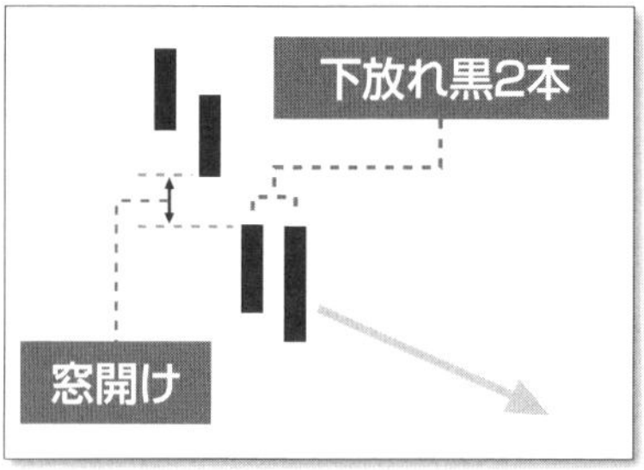

TO THE VICTORY
勝利の方程式

下落途中に前日から窓を開けて陰線が２本並ぶことを「下放れ黒２本」といい、その後は下げが加速することがあります

若築建設（1888）

18 「三尊型」は天井圏の明確なシグナル

ここをすぎると、売りポイントは消滅するかも

126ページで底値圏を示す「逆三尊型」について説明しましたが、これとちょうど逆の天井圏を示す「三尊型」について触れておきましょう。

基本的な考え方は、逆三尊型と正反対です。株価が上げてきて、天井圏でこの三尊型が現れると、上昇の限界に達したと考えられます。

右の図では、株価は①まで上げたあとに反落して、②にいたります。そこで再度、③まで上値を試しにいきますが、買いが続かないのか④まで後退します。いよいよ３度目の上値挑戦になりますが、やはり⑤のあたりが限界のようです。

結局、すべての上昇が売りに押されて下落し、このまま「ネックライン」をこえてしまうと完全な下降トレンドに入ってしまいます。つまりネックラインと株価が接した点が、売りになるわけです。

図だけを見ると、上値模索は比較的高いところまでいくようにも思えますが、下降トレンドに転換してしまうと、そこまでの戻りはないかもしれません。

ですので、出来高と相談しながらうまく売り抜けてください。

投資の格言 バラを切るごとく売るべし

花屋は、バラの花が咲ききったところで切ることはない。すぐに枯れてしまうからである。八分咲きくらいのところがいちばんの切り時だ。株式投資も同じである

「三尊型」のトレンドの転換点を見極めよう

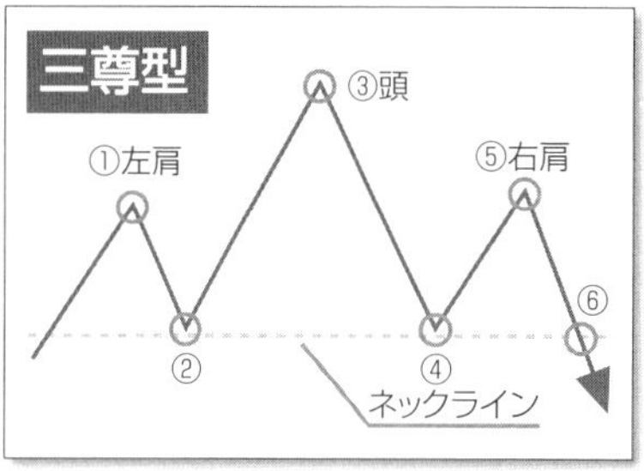

TO THE VICTORY
勝利の方程式

株価が上昇すると天井圏で「三尊型」が見られることがあります。「ネックライン抜け」を確認したら、「売り」です

ヤマダ電機（9831）

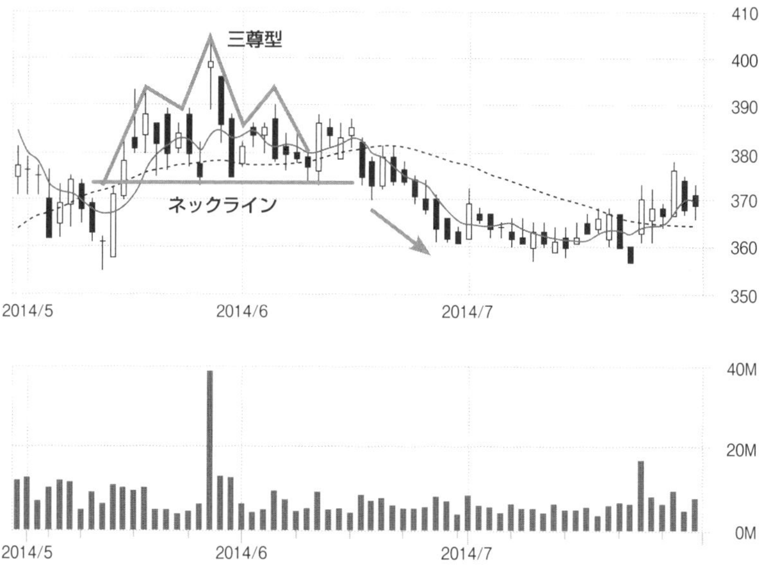

19 上値を２度試しても抜けなければ、売り！

そんなに上値は、たやすく出ない！

株価の天井を示すシグナルとして最も多いのが「二点天井」です。前項で説明した「三尊型」ほど、上値を試しにいく力がないときに、二点天井が形成されます。

右の図を見ながら具体的に説明しましょう。

株価は勢いよく上昇して①に到達します。その後は一時的に②まで下落し、再度、上値を模索する展開になり③まで上昇しますが、やはり高値圏に近づくと、売りに押され、先ほどの高値①まで上昇することができません。

そして出来高も減るようであれば、株価は下落基調に転じると考えたほうがいいでしょう。

ただし、③にいたる過程で、出来高が増えるようなら、先ほどの①の株価を抜いて上昇基調は保たれるはずですから、出来高との関係に注意しなければなりません。

右ページの「大日本スクリーン製造」の参考チャートで、おさらいしておきましょう。

窓開けの急落があったものの、長期移動平均線に支えられて反転します。ところが、株価は上値を抜けずに失速し、二点天井が形成されました。

投資の格言

人の行く裏に道あり花の山

みんなが楽観して有頂天になっているときは売り、みんなが悲観して失望しているときは買いである。「逆張り（相場の悪いときに買う、またはよいときに売ること）」についての格言

「二点天井」をつけたあとの「陰線」に要注意！

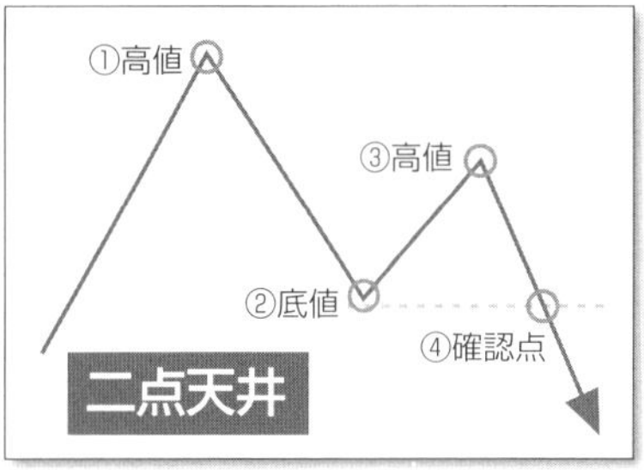

TO THE VICTORY
勝利の方程式

株価は天井をつけて反落してから、再度、上値を抜けなければ、下降トレンドに転じる可能性が高いでしょう

大日本スクリーン製造（7735）

20 「下降三角型」の下値ラインを割ったら、果敢に売り！

下値抵抗線割れは、きちんとした決断を！

「下降三角型」は、「上昇三角型」（134ページ）とは反対に、下値ラインは水平に保たれていながら、上値が切り下がるタイプです。これは買い方が売り圧力になんとかこらえているという構図です。

しかし、いったん下値ラインを切り崩されてしまうと、株価は一気に下放れてしまいます。しかも下降三角型は、移動平均線が下を向いているときに出やすいので、下落する期間はいっそう長くなります。そのため、下降三角型では、株価が下値ラインを割ったときに売り建てることができれば、非常に効果的でしょう。

ただし、このタイプで注意しなければならないのは、水平の下値ラインが強い抵抗を示したときです。この場合、株価が底割れしなければ、反転上昇する可能性もありますから、カラ売りするときは、必ず下放れを確認してください。

参考チャートでも確認しておきましょう。

株価は435円から上値を切り下げ、400円近辺を下値ラインに保ちながら下降三角型を形成しています。売り方の一方的な攻めで、買い方は限界に達し、目先の下降トレンドに入っています。

投資の格言

利は元にあり、利は売りにあり

相場で儲けるためには、安く買って、高く売ることである。高く買って、さらに高く売ることはむずかしい

「下降三角型」では、必ず下放れを確認！

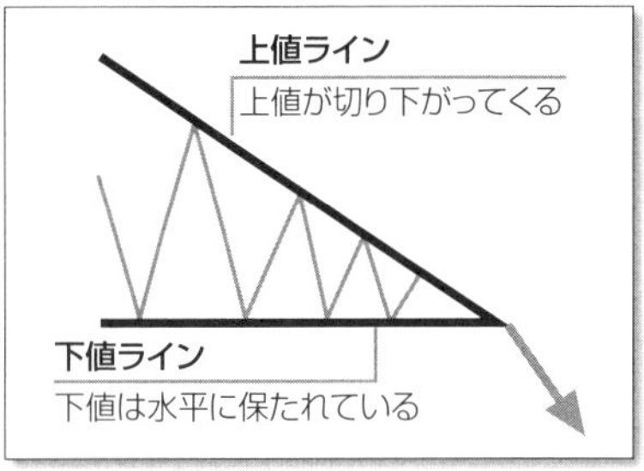

TO THE VICTORY
勝利の方程式

「下降三角型」は、下値が抵抗ラインになって上値を切り下げてきます。下値を割ったときが、「売り」です

IHI（7013）

21 下落局面での「下降ペナント型」は売り優先

もみ合いが収束したら、チャート以外の情報収集も

株価が急落すると、しばらくの間もみ合うことがあります。こうしたケースでよく現れるタイプが「下降ペナント型」です。

このタイプは、株価が急落したときは、振幅が比較的大きく、徐々に株価のブレも小さくなるのが特徴です。

下降ペナント型は、一般的に下降トレンドのときに現れることが多いため、底値の見極めが重要になります。株価が下がりすぎて一時的に反発すると、カラ売りを買い戻したり、「反転上昇した」と勘違いして買ってしまったりするからです。

株価は下がり続けることはありませんが、下落局面で下降ペナント型が出現したら、「しばらくはその基調は続く」と考えてください。

右ページの「ソニー」の参考チャートで、おさらいしておきましょう。

上値は1850円から切り下がり、下値は1700円近辺から切り上がって、下降ペナント型を形成しています。その後、株価は窓を開けて下落し、1600円を割り込んでいるのがわかるはずです。このようなトレンドは、売り優勢になります。

投資の格言

理論家は理路整然と曲がる

理論武装で攻め勝ったと思うな。動物的本能もときには重要である。勘も大切にしたい

「下降ペナント型」で、下落基調は継続する

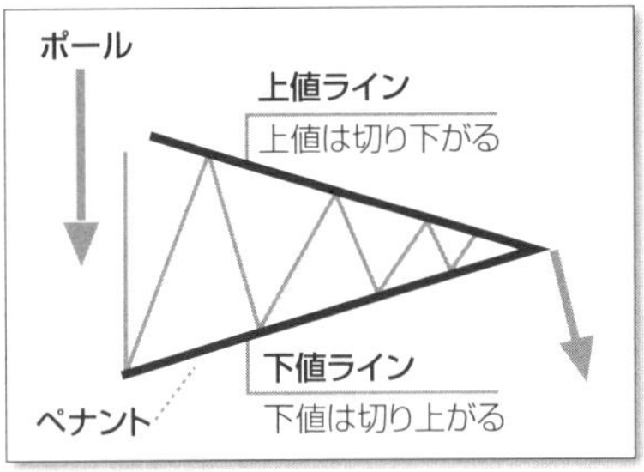

TO THE VICTORY
勝利の方程式

「下降ペナント型」は、直前の大幅下落から小さな振幅にいたるもみ合いのタイプで、株価が下放れたら、「売り」です

ソニー（6758）

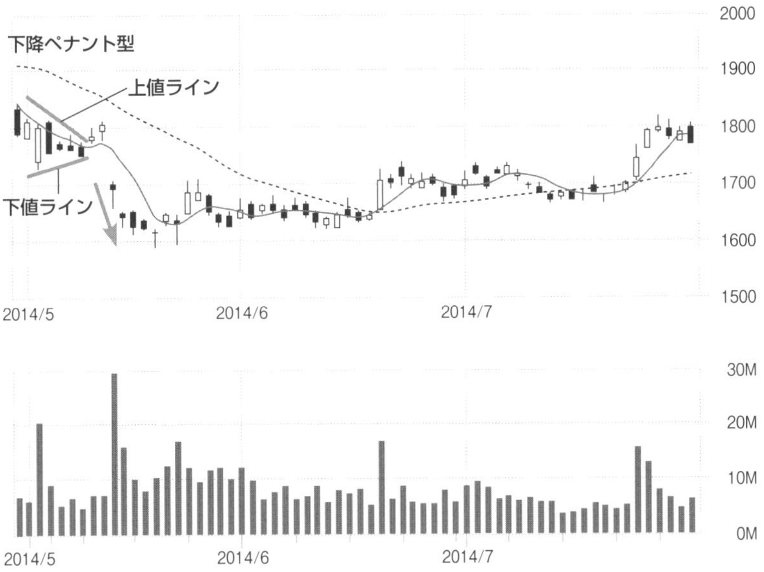

22 「下降フラッグ型」での売りのポイント

緩やかな上昇トレンドを抜けて下げ始めると…

「下降フラッグ型」は、株価が急落してきたあとに、上値も下値も切り上げながらもみ合うタイプです。

株価が急落したために、買い戻しや自律反発ねらいの買いが入ると、下値が切り上がります。

しかし、上値も同様に切り上がるため、上昇余地は乏しくなります。平行四辺形を描くように切り上がるこのタイプは、本格的な上昇ではありませんから、株価が下値ラインを抜けると、さらなる下落が始まります。

したがって、下降フラッグ型のときは、もみ合いから下放れたことを確認したら、売りになります。

ただし、下降フラッグ型は下値を切り上がるタイプですから、「トレンドライン」の確認だけはしておくべきでしょう。

右ページの「安藤ハザマ」の参考チャートでは、上昇トレンドの途中ですが、下降フラッグ型を形成しています。

その後、陰線が連続して現れ、下値ラインを抜きましたので、売りと判断するのが得策でしょう。

一見、見分けにくいチャートの形ですが、意識的に見ることによって、上げ売り場を見逃すことが防げます。

投資の格言

割高に売りなし、割安に買いなし

相場の特徴は、割高なときは売り物がなく、割安なときは買い物がない。割安なときは高いうちに売っておこうと売りが出るが、買う人がいない

「下降フラッグ型」は、上値・下値ともに切り上がる

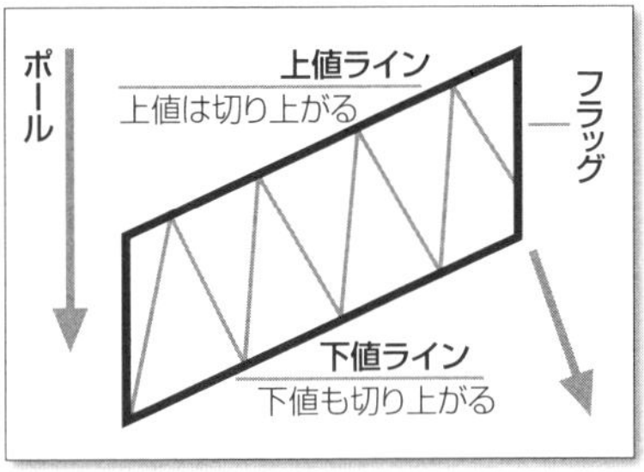

TO THE VICTORY
勝利の方程式

株価が大幅下落したあと、上値も下値も切り上げながらもみ合うのが「下降フラッグ型」です。下値ラインを抜けると、「売り」になります

安藤ハザマ（1719）

23 「上昇」と「下落」の両方の可能性がある「対称三角型」

収束後の相場は、ファンダメンタルズも加味する

134ページの「上昇三角型」は、上値が水平だったのに対し、「対称三角型」は、上値も切り下げて、三角形の中央で株価が煮つまっていくタイプです。

これは買い方の勢いもさほど強くないため、売り方の勢いとのバランスが崩れないまま、次の相場展開をうかがうことになります。つまり上昇と下落のどちらにも株価が振れる可能性があるため、次の相場展開の見極めが必要になるわけです。

対称三角型のときは、次の相場展開が株価のトレンドに左右されることが多いといえます。

実際に数々のチャートを検証してみると、もみ合い後の典型的なパターンは、上昇トレンドのときには「上」、下降トレンドでは「下」に株価が振れています。こうした意識を持って相場に臨めば、出遅れることも少なくなるでしょう。

参考チャートの「積水化学工業」は、上昇トレンドに転換したところで、対称三角型のもみ合いに入っています。その後の株価は、トレンドと同じ方向に進んでいます。

一方、「KLab」の株価は、下落局面に対称三角型のもみ合いが現れていますが、こちらはその後の展開が下降トレンドに沿った動きをしているのがわかるでしょう。

投資の格言

当たるも相場、当たらぬも相場

相場見通しは「天気予報」と同じである。目先の予想は当たる確率は高いが、半年先や1年先の相場はほとんど当たらない

「対称三角型」は、次の相場展開に要注意！

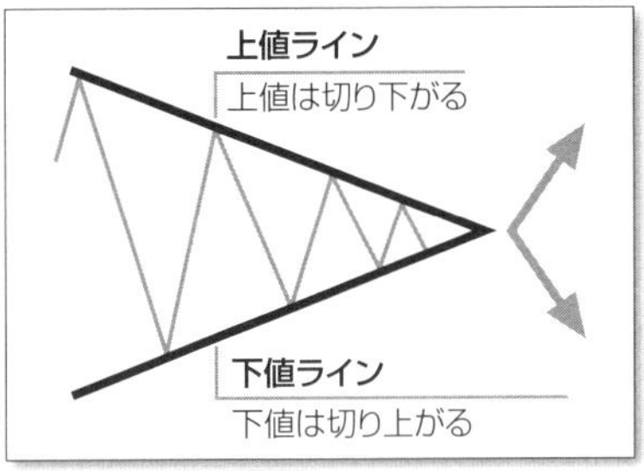

TO THE VICTORY
勝利の方程式

「対称三角型」は、上値ラインが切り下がり、下値ラインは切り上げて拮抗するため、株価は上下どちらかに振れることになります

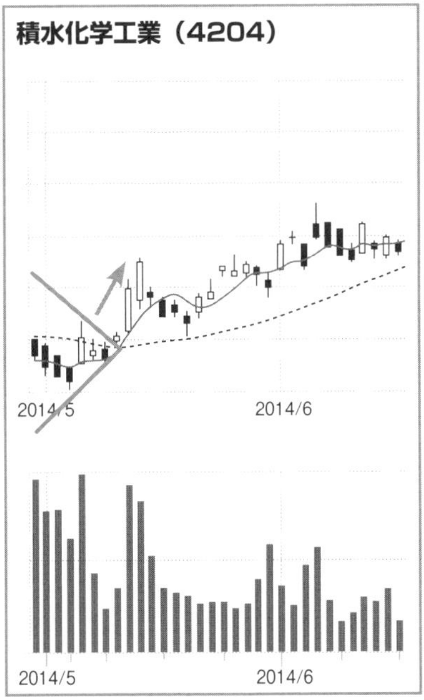

24 「コイル型」は放れの方向を見極めてから

今後の予想を立てるのは、少し困難…

前項の「対称三角型」と比べて、もみ合う期間が長く、振幅も小さいのが「コイル型」の特徴です。

このタイプは、買い方と売り方のいずれも株価の動向を左右するほどの力に欠けるため、どちらにも引っ張られないまま、三角形の先端に向かっていきます。その後の株価は上下どちらかに大きく振れるのもコイル型の特徴ですから、株価の行方が定まるまでは静観するのが賢明です。

仮に早仕掛けして、株価が思惑どおりに動けば問題ありませんが、そうでなければ思わぬ損失を抱えることになってしまうでしょう。もみ合いのタイプがコイル型のときは、相場の見極めが大切です。

参考チャートは、上昇と下落の２種類を用意しました。

三角形の先端から株価が大きく上放れたのが、左側の「旭化成」です。もみ合い後は上昇を演じています。

一方、「ディー・ディー・エス」の株価は、1900円の高値をつけたあとにコイル型のもみ合いを見せているのがわかるでしょう。その後は1600円近辺から下降トレンドに入っていきます。もみ合いのタイプが、コイル型のときは、冷静に株価の動向を確認してください。

投資の格言

一葉落ちて天下の秋を知る

なにか大きなことが起こる前には、前兆となるようなことがあるので、それに早く気づいて、対処しなくてはならない

「コイル型」は、上下どちらかに大きく振れる

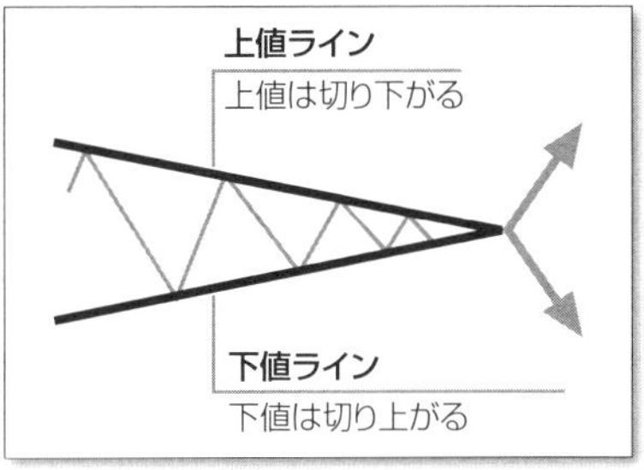

TO THE VICTORY
勝利の方程式

「コイル型」は、「対称三角型」より期間が長く、振幅が小さいため、買い方と売り方のバランスが崩れやすいのが特徴です

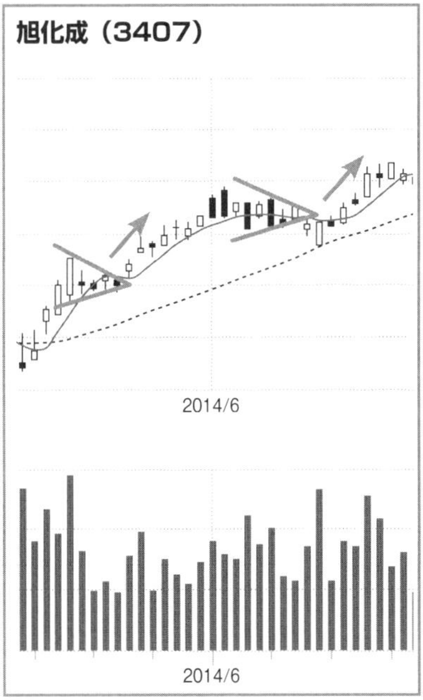

投資に役立つコラム
COLUMN

チャートと需給関係のどちらを優先すべきか

新規上場が、市場全体の流れに大きな影響を与えることがあります。

なかでも、今まで最も影響があったのは、政府放出によるＮＴＴ株の上場でしょう。その後も、日本たばこ産業・ＪＲ各社・電通・セイコーエプソンなどが、東証一部に上場してきました。

こうした大型上場が間近になると、換金売りが増えたりして、市場が一時的に調整することがあります。

しかし、大型上場が市場に対して、つねに悪い影響を与えるとは限りません。たとえば、東証一部に上場してくると、東証株価指数（TOPIX）に組み入れられることになりますから、ＥＴＦや東証株価指数に連動したファンドを運用している機関投資家は、その銘柄を遅かれ早かれ買うことになります。つまりそうした機関投資家よりも先回りすることで、投資の成果を向上させることができるのです。

株式投資において、業績や市場環境・チャート面の分析は非常に大切ですが、同時に需給関係についても、先行きがどのような動きになるのかを注視しておかなければなりません。とりわけチャートがほとんどないようなときは、買い手と売り手のイメージだけでも、きちんとつかんでおく必要があるでしょう。

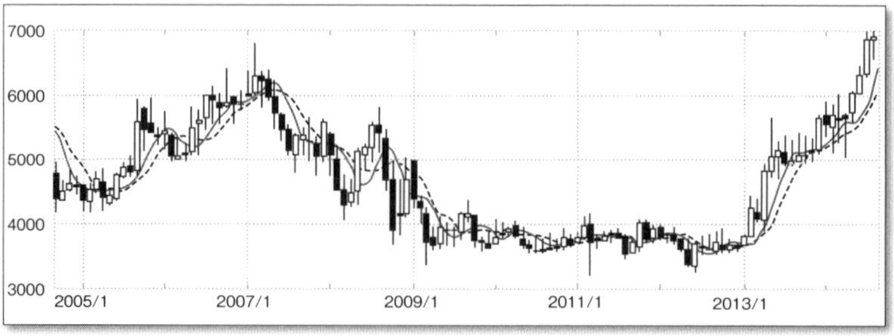

ここ 10 年間の NTT の株価動向

第5章

株で必勝するための「投資練習帳」

Chapter 5

「ローソク足」と「チャート」の動きの基本が身についたら、練習帳で成果をチェックしよう！
間違えたところは、もう一度、復習を!!

実践力を身につけよう！

投資練習帳の使い方

これまで、さまざまな株価の動きを買い時・売り時という観点から「誰にでも役立つチャートの読み方」を示し、その基本を説明してきました。

チャート理論の基礎的な部分は、おわかりいただけたことと思います。

しかし、実際のチャートはもっと複雑で、読み取るのはなかなかむずかしいものです。読んだだけでは、実際に使えるかどうかはわかりません。

そこで第５章では、実際にチャートを読み取るための演習問題を掲載しました。ぜひとも、チャレンジしてください。答えは、ページをめくった側にあります。

「答えられない」ということは、チャート理論の理解が不十分、あるいは活用できるレベルにまで達していないということですから、もう一度、本文を読みなおしましょう！

あとは、実際にインターネットなどでチャートを閲覧して、注目している銘柄の売買を研究してください。

※実線 → 5日移動平均線
　波線 → 25日移動平均線

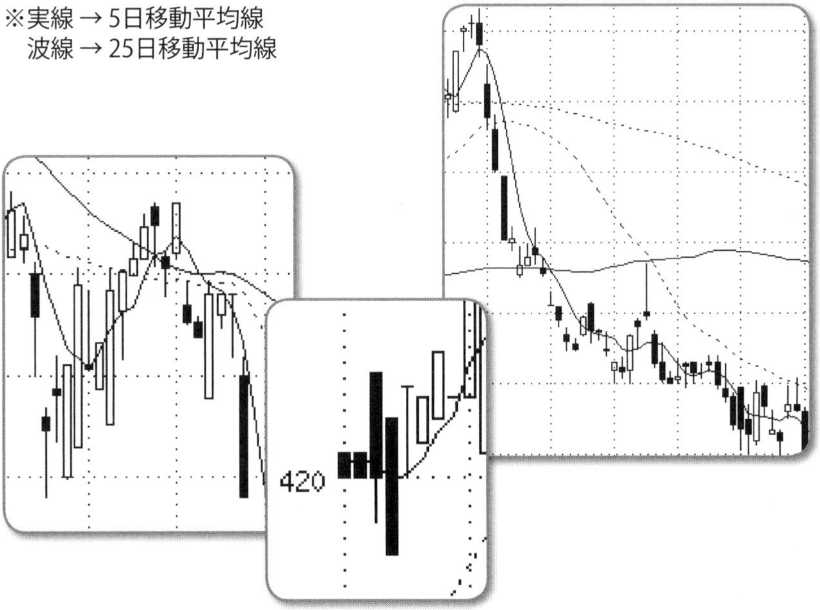

チャート練習問題 01　上ヒゲと下ヒゲ

東芝（6502）

Q
①底値圏のシグナルは、どこに出ているか？
②天井圏のシグナルは、なにか？

チャート練習問題 02　グランビルの買いシグナル

アドウェイズ（2489）

Q
このチャートには、グランビルの買いシグナルがあるが、それはどこか？

ANSWER 01

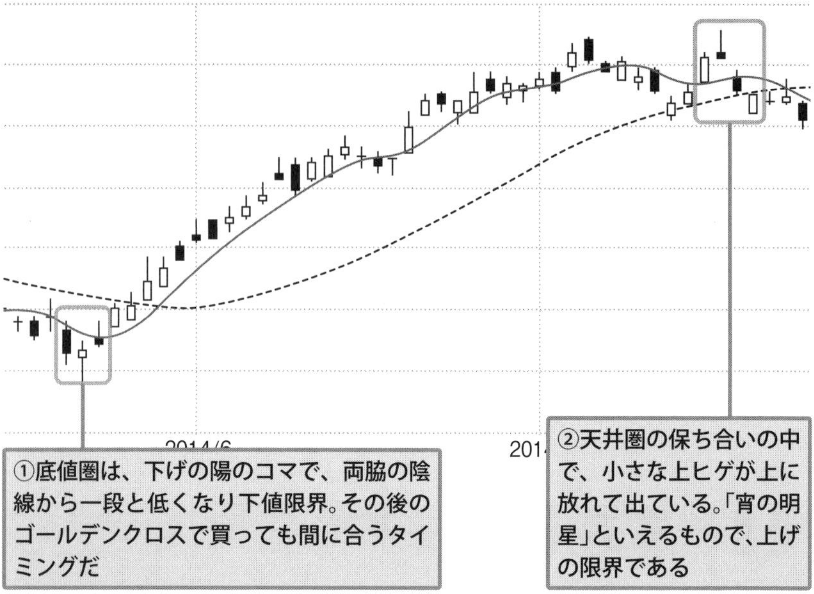

2014/6
①底値圏は、下げの陽のコマで、両脇の陰線から一段と低くなり下値限界。その後のゴールデンクロスで買っても間に合うタイミングだ
②天井圏の保ち合いの中で、小さな上ヒゲが上に放れて出ている。「宵の明星」といえるもので、上げの限界である

ANSWER 02

25日移動平均線は横ばいであるが、底をつけた株価が大陽線をつけて上に突き抜けているので、ここが買いのタイミング。その後の窓開けの上昇では、利益確定を急ぐべし
2014/6

チャート練習問題 03　グランビルの売りシグナル

日本郵船（9101）

Q　このチャートには、グランビルの売りシグナルが２カ所あるが、それはどこか？

チャート練習問題 04　決定的な売りシグナル

ディー・ディー・エス（3782）

Q　このチャートでは、とくに強烈な売りシグナルが出ているが、その場所はどこか？

ANSWER 03

上値保ち合いの株価が、長めの陰線で移動平均線を割り込んでいる。ここはすかさず売りのタイミングである
下ヒゲから反発してきた株価が再上昇して、25日移動平均線に近づいてきたが、勢いよく上抜けることなく下落。ここは売りのタイミングだ
2014/7

ANSWER 04

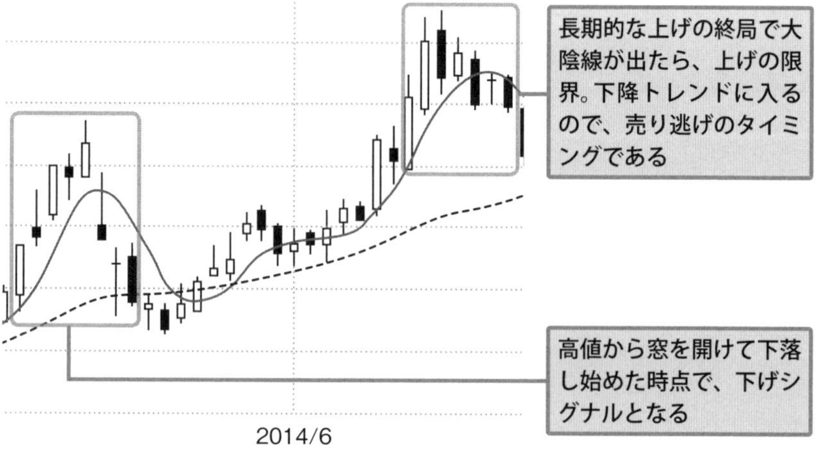
長期的な上げの終局で大陰線が出たら、上げの限界。下降トレンドに入るので、売り逃げのタイミングである
高値から窓を開けて下落し始めた時点で、下げシグナルとなる
2014/6

チャート練習問題 05 底値圏の買いシグナル

メディネット（2370）

Q 底値圏に強い買いシグナルがあるが、その場所はどこか？

チャート練習問題 06 「赤三兵」の買いシグナル

北陸電気工業（6989）

Q ①株価上昇前に重大な買いシグナルが出ているが、どこか？
②天井圏での売りのチャンスは、どこか？

ANSWER 05

下げトレンドの25日移動平均線をこれも下げトレンドの株価が急展開して上昇し、上に突き抜ければ、間違いなく買いのタイミングとなる
2014/5
2014/6

ANSWER 06

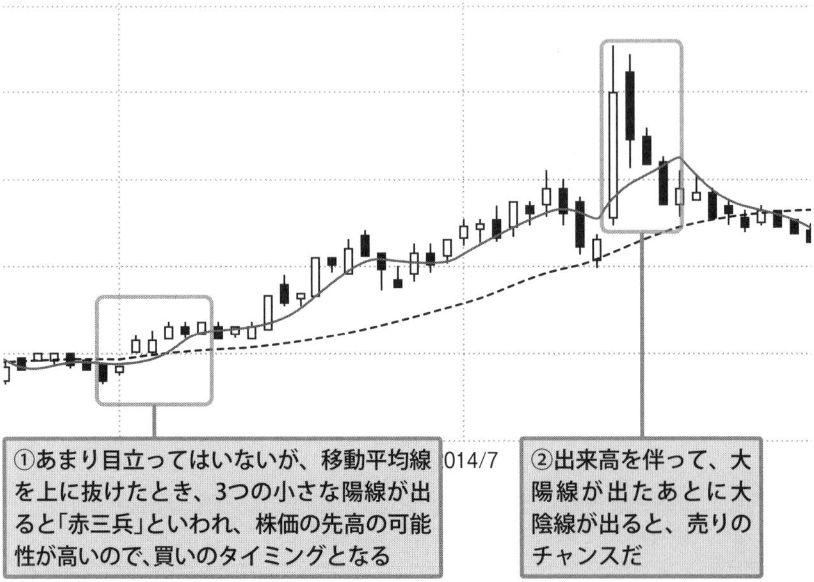

①あまり目立ってはいないが、移動平均線を上に抜けたとき、3つの小さな陽線が出ると「赤三兵」といわれ、株価の先高の可能性が高いので、買いのタイミングとなる
014/7
②出来高を伴って、大陽線が出たあとに大陰線が出ると、売りのチャンスだ

チャート練習問題 07　上昇シグナルの「はらみ線」

ユナイテッド（2497）

Q
①長期下落のあとの反転上昇のシグナルがあるが、どこか？
②売りシグナルが天井圏に出ているが、それはなにか？

チャート練習問題 08　底を表わす「W字型」

アルデプロ（8925）

Q
①底値圏のシグナルが出ているのは、どこか？
②天井圏には明確なシグナルがあるが、なにか？

ANSWER 07

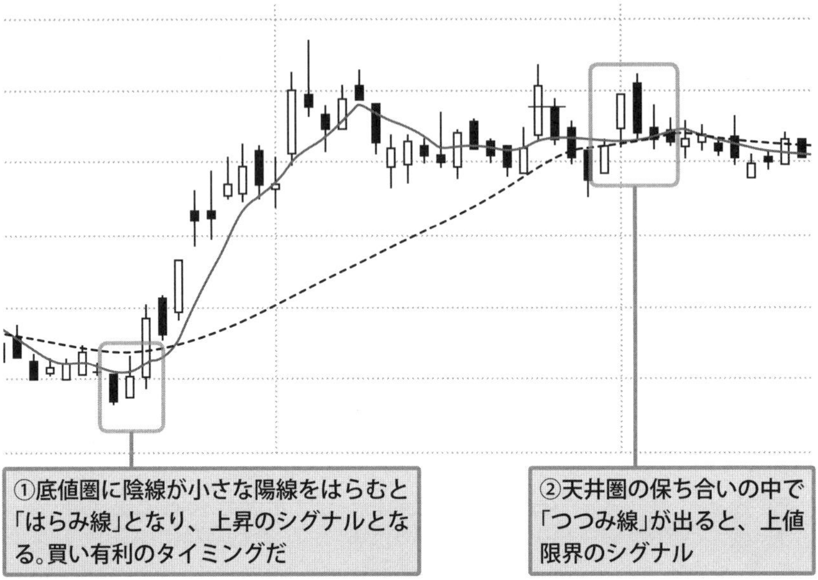

①底値圏に陰線が小さな陽線をはらむと「はらみ線」となり、上昇のシグナルとなる。買い有利のタイミングだ
②天井圏の保ち合いの中で「つつみ線」が出ると、上値限界のシグナル

ANSWER 08

2014/5
2014/6
2014/7
①ダブル底をつけて株価が上昇すれば、買いシグナルだ
②出来高急増で大陽線が出現し、次に陰線が続けば、上値限界である

チャート練習問題 09 買いを示す3つのシグナル

サイバーエージェント（4751）

Q このチャートには、買いを示す３つのシグナルが見られるが、それはどこか？

チャート練習問題 10 天井圏の大陰線の売り

ユーグレナ（2931）

Q 株では利食い売りが大切。このチャートには明らかな売りシグナルがあるが、それはどこか？

ANSWER 09

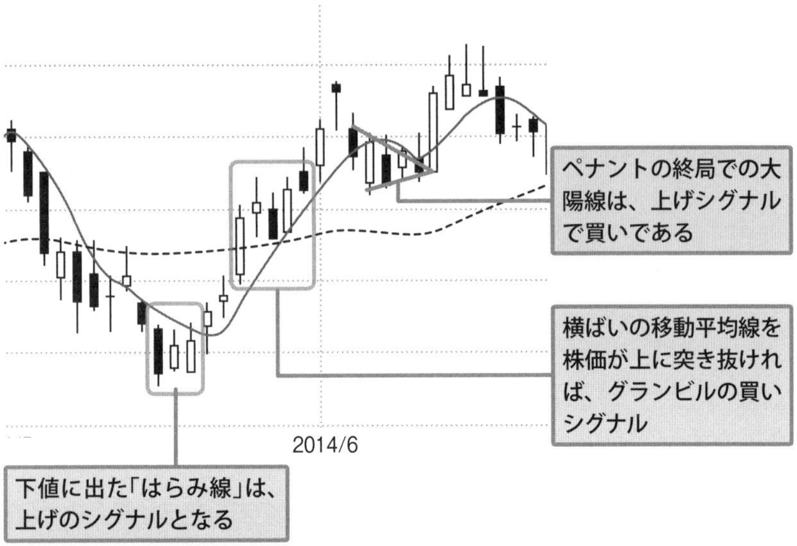
ペナントの終局での大陽線は、上げシグナルで買いである
横ばいの移動平均線を株価が上に突き抜ければ、グランビルの買いシグナル
2014/6
下値に出た「はらみ線」は、上げのシグナルとなる

ANSWER 10

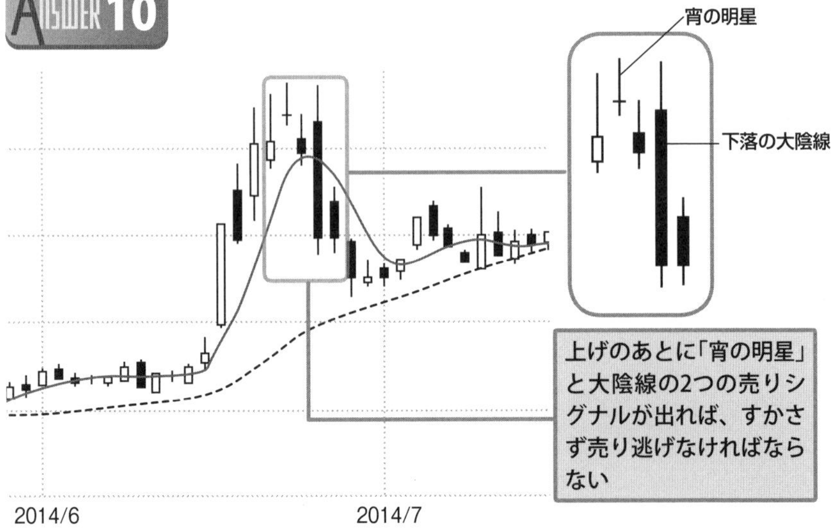
宵の明星
下落の大陰線
上げのあとに「宵の明星」と大陰線の2つの売りシグナルが出れば、すかさず売り逃げなければならない
2014/6
2014/7

チャート練習問題 11　上げトレンドの押し目買い

フリービット（3843）

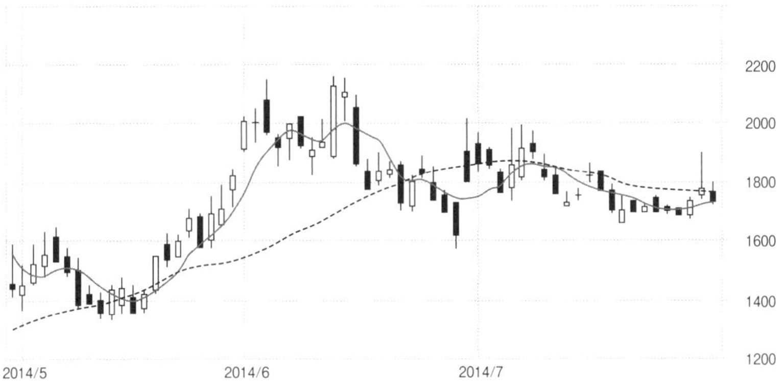

Q

①上げトレンドのチャートだが、買いのタイミングはどこか？
②利益確定のポイントは、どこか？

チャート練習問題 12　窓開けの上げについていく

カカクコム（2371）

Q

窓開けの上げの勢いについていくポイントは、どこか？

ANSWER 11

②ダブル天井が出現すれば、上値限界であり、売りシグナルとなる
①株価を下げていたが、25日移動平均線を割り込んだあと、すかさず大陽線をつけてゴールデンクロスを表したので、買いのタイミングである
2014/7

ANSWER 12

2014/5
2014/6
2014/7
窓開けの勢いのあるチャートで、買い乗せのポイントである

チャート練習問題 13 保ち合い放れにつく

日本電気硝子（5214）

Q

グランビルの買いシグナルが現れ、さらにペナント型の保ち合い放れが出ているが、それはどこか？

チャート練習問題 14 「宵の明星」と「明けの明星」

日本通信（9424）

Q

①このチャートには高値限界の「宵の明星」があるが、どこか？
②下値限界の「明けの明星」の場所は、どこか？

ANSWER 13

保ち合いが見られて、その後に株価は上昇している。またグランビルの買いシグナルである移動平均線を下から上に突き抜ける状況であり、より信頼度の高い買いのタイミングだ
2014/6
2014/7

ANSWER 14

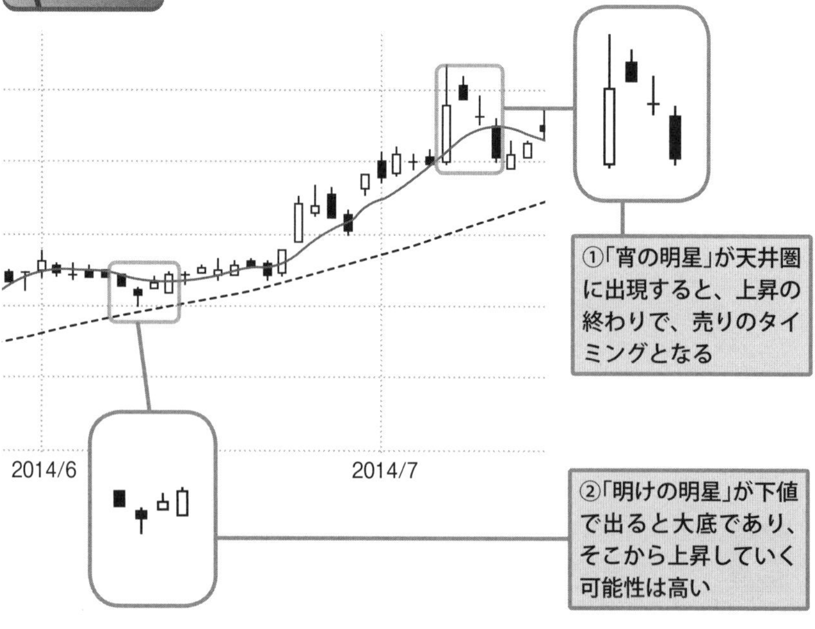
①「宵の明星」が天井圏に出現すると、上昇の終わりで、売りのタイミングとなる
2014/6
2014/7
②「明けの明星」が下値で出ると大底であり、そこから上昇していく可能性は高い

チャート練習問題 15 ボックス型相場の売買

エナリス（6079）

Q このチャートはボックス型になっている。売りと買いのポイントを探そう

チャート練習問題 16 上げ過程の窓埋め

ソフィアホールディングス（6942）

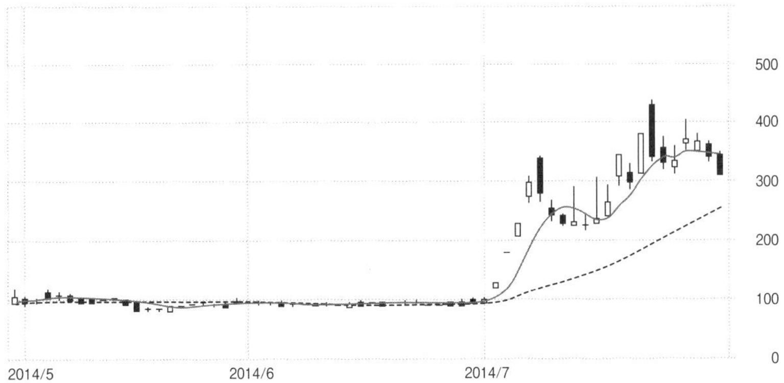

Q 急騰後の窓埋めがある。それはどこか？

ANSWER 15

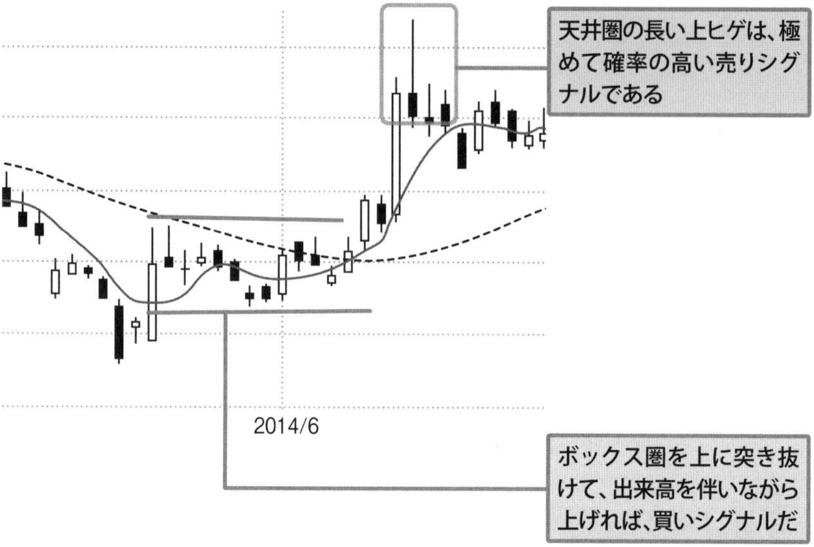
天井圏の長い上ヒゲは、極めて確率の高い売りシグナルである
2014/6
ボックス圏を上に突き抜けて、出来高を伴いながら上げれば、買いシグナルだ

ANSWER 16

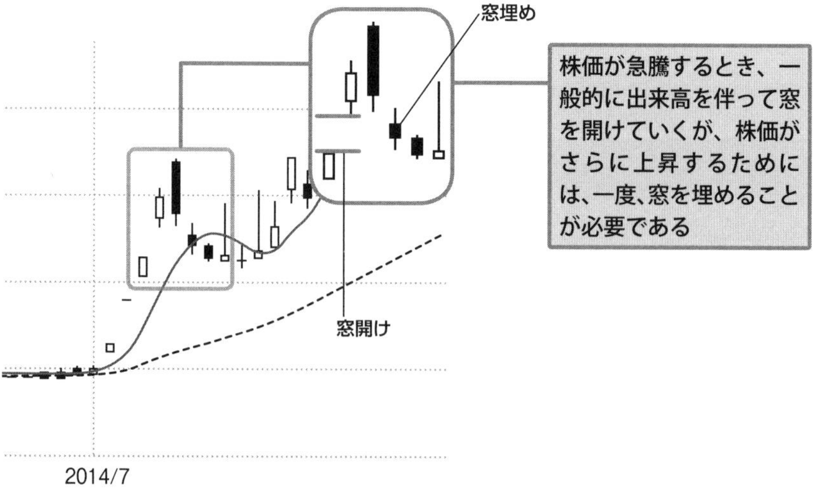
窓埋め
株価が急騰するとき、一般的に出来高を伴って窓を開けていくが、株価がさらに上昇するためには、一度、窓を埋めることが必要である
窓開け
2014/7

チャート練習問題 17　「上昇フラッグ」と「上昇ペナント」

NEC（6701）

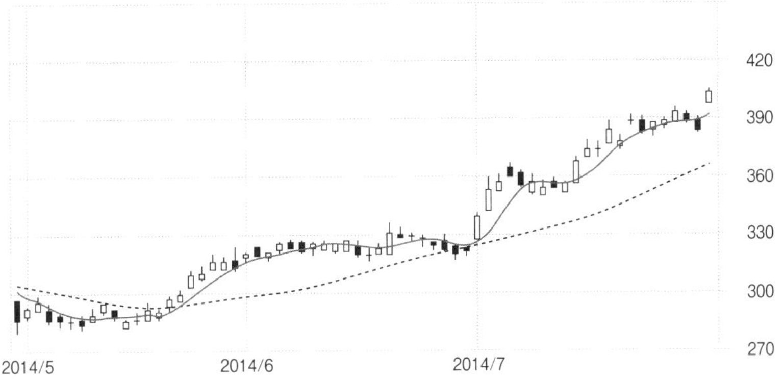

Q

①「上昇ペナント」があるが、それはどこか？
②「上昇フラッグ」は、どこで現れているか？

チャート練習問題 18　コイル型の上げと上方乖離の下げ

野村ホールディングス（8604）

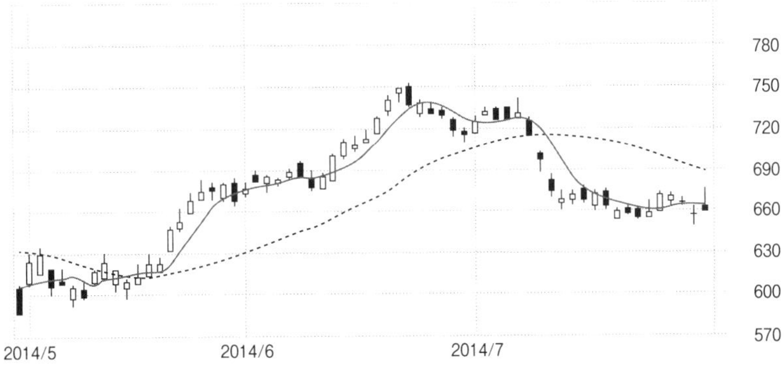

Q

①コイル型の上げが見られるが、どのポイントか？
②株価は移動平均線から上方に乖離すると下落するが、それはどこか？

ANSWER 17

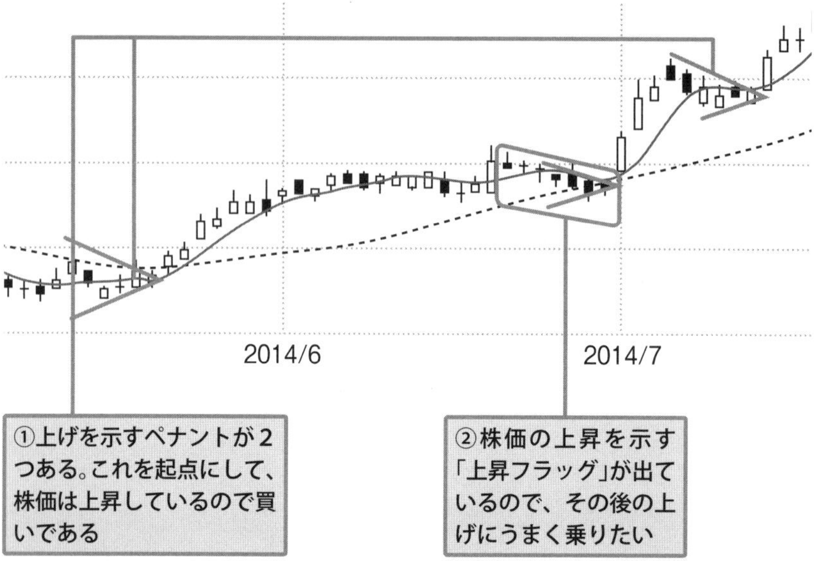
2014/6
2014/7
①上げを示すペナントが2つある。これを起点にして、株価は上昇しているので買いである
②株価の上昇を示す「上昇フラッグ」が出ているので、その後の上げにうまく乗りたい

ANSWER 18

2014/5
2014/6
2014/7
①コイル型の終局で株価が上昇すれば、買いシグナルとなる
②天井圏に移動平均線との乖離ができて陰線が出れば、売りのタイミングだ

ANSWER 17

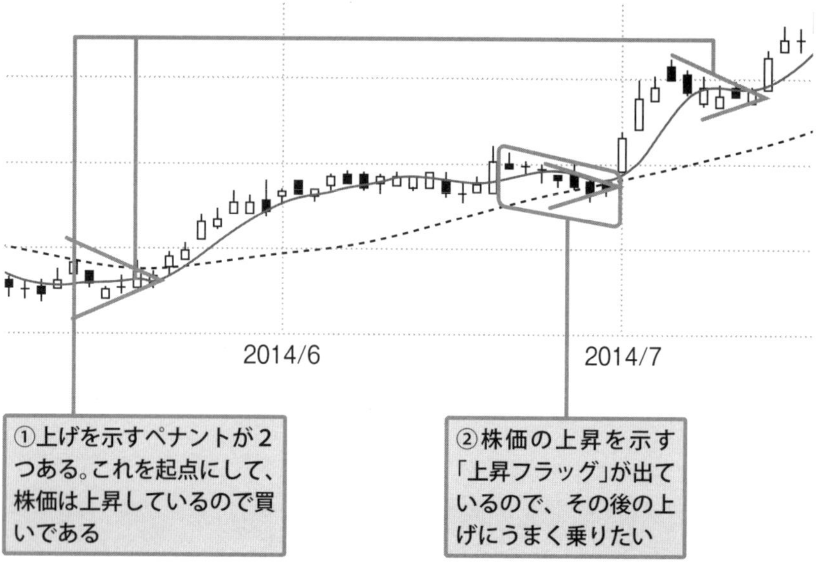
2014/6
2014/7
①上げを示すペナントが2つある。これを起点にして、株価は上昇しているので買いである
②株価の上昇を示す「上昇フラッグ」が出ているので、その後の上げにうまく乗りたい

ANSWER 18

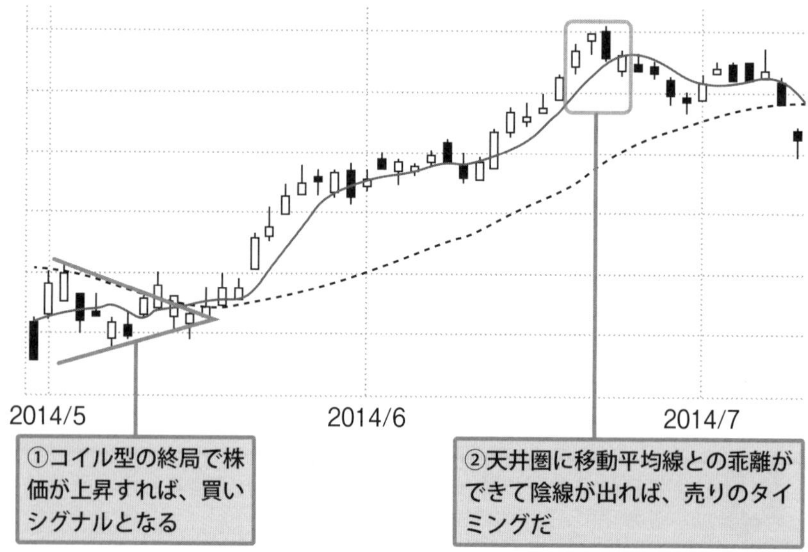
2014/5
2014/6
2014/7
①コイル型の終局で株価が上昇すれば、買いシグナルとなる
②天井圏に移動平均線との乖離ができて陰線が出れば、売りのタイミングだ

INDEX

英数字

あ行

か行

さ行

た行

な行

は行

ま行

や行

ら行

[著者紹介]

小山 哲（こやま・さとし）

◎—— 早稲田大学政治経済学部卒業後、新聞記者を経て独立し、投資アドバイザーとなる。株式や金融商品の運用に精通しており、ファンダメンタルズとテクニカル（チャート）分析を駆使した株価予測は超一級。丁寧でわかりやすい解説には定評があり、個人投資家の味方を自認する良心派で、〝小山ファン〟は多い。

◎—— 主な著書に、『「会社四季報」で儲ける！』『株式投資 これができれば百発百中』『株で大儲けできる人損する人』『個人投資家のための株価チャート読み方の基本』『デイトレードは「５分足チャート」で完勝だ！』『個人投資家のための「小型株」で賢く儲ける方法』（いずれも小社刊）など多数。

最新　デイトレ対応版　株価チャート読み方の基本

2014年 9月26日　第１刷発行

著　者——小山 哲

発行者——徳留 慶太郎

発行所——株式会社 すばる舎

〒170-0013 東京都豊島区東池袋3-9-7

東池袋織本ビル

TEL 03-3981-8651（代表）

03-3981-0767（営業部直通）

FAX 03-3981-8638

URL http://www.subarusya.jp/

振替 00140-7-116563

印　刷—— 図書印刷株式会社

落丁・乱丁本はお取り替えいたします。

©Satoshi Koyama 2014 Printed in Japan

ISBN978-4-7991-0372-2